跨越3个世纪震撼全球教育的育子经典

深度解读
斯托夫人自然教育经典

宋璐璐 编著

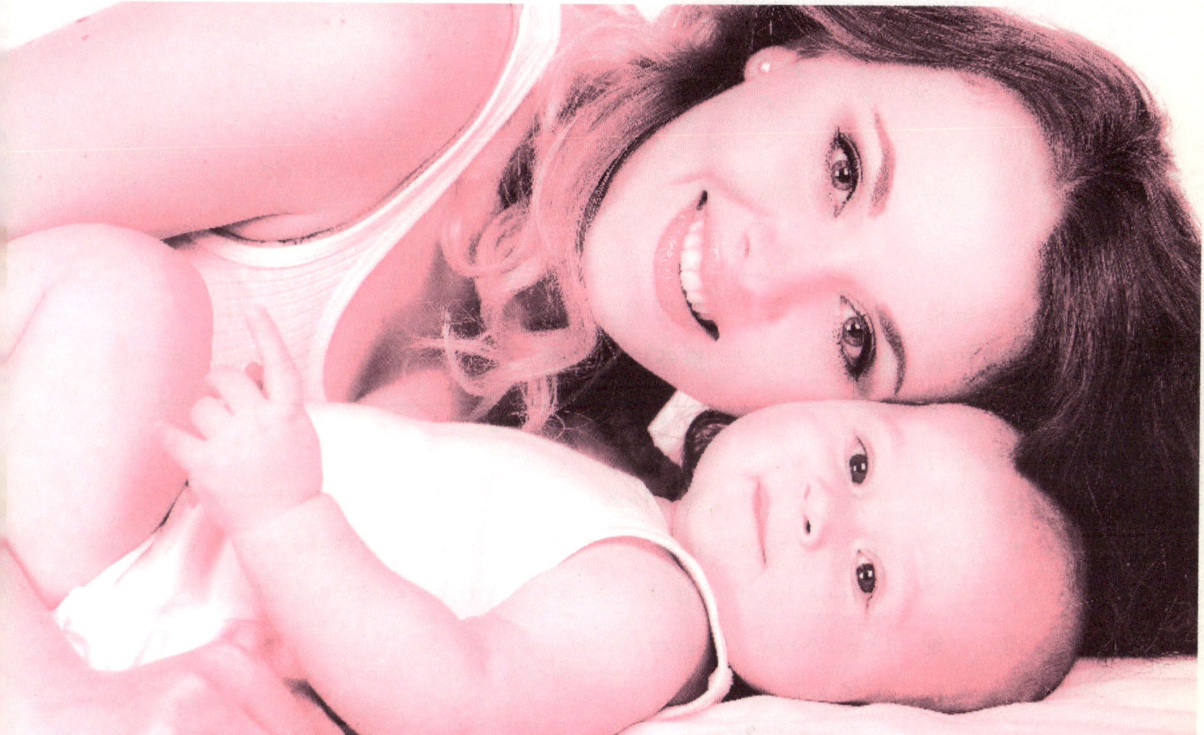

嘿！
我是早教书

中国财富出版社

图书在版编目（CIP）数据

深度解读斯托夫人自然教育经典 / 宋璐璐编著. —北京：中国财富出版社，2017.6

（嘿！我是早教书）

ISBN 978-7-5047-6526-0

Ⅰ. ①深… Ⅱ. ①宋… Ⅲ. ①学前教育—家庭教育 Ⅳ. ①G781

中国版本图书馆CIP数据核字（2017）第149569号

策划编辑 刘　晗　　**责任编辑** 张冬梅　郑晓雯

责任印制 梁　凡　　**责任校对** 孙会香　卓闪闪　　**责任发行** 董　倩

出版发行 中国财富出版社

社　　址 北京市丰台区南四环西路188号5区20楼　　**邮政编码** 100070

电　　话 010-52227588转2028/2048（发行部）010-52227588转321（总编室）

010-68589540（读者服务部）　010-52227588转305（质检部）

网　　址 http://www.cfpress.com.cn

经　　销 新华书店

印　　刷 北京竹曦印务有限公司

书　　号 ISBN 978-7-5047-6526-0/G·0689

开　　本 710mm×1000mm　1/16　　**版　　次** 2018年4月第1版

印　　张 15.75　　**印　　次** 2018年4月第1次印刷

字　　数 283千字　　**定　　价** 39.80元

总序

写在前面的话

可怜天下父母心，在培养孩子上父母都是不遗余力地使出浑身解数，目的只有一个，那就是让孩子成为有用之才。是的，孩子是父母最大的寄托。

在教育孩子上，方法有很多，但是哪一种方法更为有效呢？

研究证明，孩子接受教育越早越好，甚至早到孩子出生之前。于是，早教成了爸爸妈妈们必须温习和钻研的“功课”。

现在，早教已经被爸爸妈妈们所认可。许多父母都能如数家珍地说出蒙台梭利、斯宾塞、卡尔·威特等一大串儿权威的教育家的名字。

在这个领域，国外的早教经验比较丰富，开展得也较早，形成许多权威性的理论。但是在引进这些外国经验时出现了一些争议，有的认为必须全盘接受，有的认为西方的经验不适合中国国情，有的认为可以借鉴，不一而足。无论哪一种观点，都是出于对孩子的负责任，目的是让孩子能接受最适合的早期教育。

纵观当前许多流行的早教书，大多是国外名家的著述，鲜有详尽解读其精髓、按照本土的阅读习惯而精心编排的。由于国外著作理论性强，有些理论交叉在不同的章节中，大家在阅读学习时，显得既费时又费力，还很难懂。

正因为如此，我们才决定下大力气去研读国外的各种早教著述，找出更适合中国父母的早教方法。由于东西方文化的差异、历史成因的不同，在思想上和方法上也有着一定的不同。但是，总体上来说，基本规律还是相同的，那就是孩子身上所表现出来的特征差异不大。应该本着去粗取精、洋为中用的原则，根据是否适合本土的教育环境来取舍。这就是“嘿！我是早教书”系列图书出版的初衷。

我国家教作家吕巧玲、宋璐璐应邀担纲了本套丛书的编撰工作，她们以实际育儿经验和长期研读诸多家教典籍的心得，精心创作出“嘿！我是早教书”系列解读精髓本，呈献给广大读者。其特点是本土化、可读性强、突出重点，围绕孩子身上所出现的种种问题，进行详尽的解读、支招，理论和实践紧密结合，情节生动，说理性强。

本套丛书的最大特点是适合现代父母阅读，在孩子身上所出现的很多问题在这里都有解释。有精彩的案例，有详尽的理论解读，有具体的实施措施，通过这一环扣一环的解读，既点出了名家教育的精髓，又结合了本土实际情况进行逐一答疑，使您做父母更为轻松，在家里就能调教出一个聪明无比的小天才。

一书在手，尽享名家教育精髓。若广大读者在研读本套丛书的过程中能得到启发，将是我们最大的欣慰。

开卷一定有益！

序言

早期教育 = 母亲的职责+理念+执着

一位著名的教育家曾经说过："我们这个时代，最为需要的是开明、富有知识的母亲。"而在斯托夫人看来，母亲传授给孩子的第一堂课，就好比孩子从母亲的乳房中第一次得到营养一样。

有人说，国家的兴盛存亡取决于家庭的兴盛存亡，而女性则是家庭兴盛存亡的决定者和缔造者。可是很遗憾，在当今社会中，很少有人能够意识到国家的命运并不是掌握在那些富有权力的人手中，而是掌握在每一位母亲的手中。

对母亲来说，一生中的大事便是教育孩子，而只有那些聪明的母亲才能够给孩子真正的教育，这是毋庸置疑的。斯托夫人在生活的影响下，研究总结出了一套属于自己的独特教育方法。在斯托夫人的教育下，她的女儿维尼夫雷特三岁的时候就能够抒写散文和诗歌；四岁的时候就能够用世界语写剧本；五岁开始发表文章，并受到了广大读者的喜爱。

在斯托夫人的教育理念中，如若父母把关注的目光只放在孩子的身体上，那么孩子就可能成长为一个粗鲁野蛮的人；如若父母把关注的目光仅放在孩子的能力上，那么孩子就有可能成为一个弱不禁风的人。所以，要想将孩子培养成一个合格优秀的人才，就必须进行科学的早期教育。

现在，斯托夫人的教育观念越来越受到人们的认可和追捧，其教育的精髓便在于自然、科学的教育。要想了解斯托夫人的教育并不是一件困难的事情，只要母亲能够把自己所拥有的传授给孩子便足够了。

面对当前竞争异常激烈的社会，很多父母都顾此失彼，无法照料孩子的生活和学习。而本书的问世则给年轻父母带来了希望，给父母提供了一个清晰、明确的教育理念，让父母在阅读的同时，也能够摸索出一条适合自己的教子之路，解决教育孩子的难题。

本书将斯托夫人教育的精髓全部纳入，并且用活泼生动的事例加以说明，让年轻父母更好地理解早教、运用早教。本书逻辑性强，通俗易懂，适合每一位年轻父母阅读。

2018年1月于北京

目录

第一章

做一个合格的妈妈，你准备好了吗 / 001

每个成功的男人背后都有一个成功的女人，同样，每一个有所成就的孩子背后都有一位善于教育的妈妈。母亲，这个词通常会与美好和伟大联系在一起。可是直到自己当了母亲，才知道原来这些美好和伟大不是轻而易举地得来的。看着纯净如同天使的孩子，自己心中充满了爱和柔情；而当孩子哭闹的时候，自己的内心又被焦躁烦恼充斥。可是到底要怎样才能做个合格的妈妈呢？你真的准备好了吗？

第二章

培养和发现宝宝的才能 / 047

每个父母都希望自己的宝宝是个天才儿童，其实如果仔细观察就会发现每个孩子都有自己的特长。然而父母们总是不能发现孩子身上的这些闪光点。无论是遗传还是生理方面，所有孩子都有自己成功的领域，所以只要父母付出足够的耐心和细心，就能挖掘宝宝的潜力。

第三章

父母应该把这些给予孩子 / 093

每个家长都希望自己的孩子能够成为在蓝天上自由翱翔的雄鹰，但是要让雏鹰变成雄鹰，就必须让它学会自己飞。要让它飞得远，飞得高，就必须教会它飞行的技巧。对于孩子来说，良好的习惯、美好的品德、优秀的性格以及自信心都是孩子飞翔的技巧，只有具备了这些素质，孩子才能自立于社会，才能在未来闪闪发光。

第四章

习惯塑造性格 / 141

“人之初，性本善”，由此可见，人之初所具有的性格具有很强的可塑性。至于向善还是向恶，这是与生身父母的谆谆教诲分不开的，是曰：“子不教，父之过。”而决定性格的成因是什么呢？自然是良好习惯的养成了。这也正是本章的重点。

父母把所有的一切，包括财富、地位全部交给了孩子，但是孩子不一定会幸福。父母只有给孩子一个自由而又充满爱意的环境，教会孩子怎样抓住幸福，才能使孩子获得真正的幸福。

第一章

做一个合格的妈妈，你准备好了吗

每个成功的男人背后都有一个成功的女人，同样，每一个有所成就的孩子背后都有一位善于教育的妈妈。母亲，这个词通常会与美好和伟大联系在一起。可是直到自己当了母亲，才知道原来这些美好和伟大不是轻而易举地得来的。看着纯净如同天使的孩子，自己心中充满了爱和柔情；而当孩子哭闹的时候，自己的内心又被焦躁烦恼充斥。可是到底要怎样才能做个合格的妈妈呢？你真的准备好了吗？

妈妈是教育的关键 

没有做过母亲的女人，是无法真正感受到生活的幸福和价值的。

——斯托夫人

阅读时间：25分钟　　受益指数：★★★★★

胎教，真正教育的开始

胎教对宝宝来说有着很重要的作用，然而很遗憾的是，并没有多少人真正意识到这一点，能够真正理解这句话。

故事的天空

小林在怀孕期间，很注意自己的一言一行，注重自己的修养。每天，小林用餐的时候，如果看到凳子摆放得不够整齐，她就会轻轻地把凳子调整好，然后才会坐下来用餐。

小林对于食物的要求也非常严格，菜里面哪怕有一点点的葱、姜、辣椒等刺激性的配料，小林都不会吃。

除此之外，小林还注重对腹中胎儿声音的培养，每天给宝宝听一些轻音乐，给宝宝读儿童故

事，陪着宝宝说说话等。对于外界一些嘈杂、吵闹的声音，小林也会远离。

有一次，小林在外面晒太阳，正好碰到了两个人在吵架，于是小林便绕道离开了那个地方。在小林看来，这些对于胎儿的成长都是不利的。而她自己也不会去听比较嘈杂的声音，不去看一些不好的事物，不会说一句傲慢伤人的话，不会做一点儿不好的举动。

在怀孕期间，小林还养成了一个很好的习惯，她每天都会想象世间美好的事物，感受世间的温暖和柔和，这样一来，就会在无形中培养宝宝对美的感受力，让宝宝在出生之前，就爱上这个五彩缤纷的世界，体会到这个世界的美好。

小林的宝宝出生后，真是漂亮得招人喜欢。不仅如此，宝宝还很聪明，也喜欢和人交流，小林在教导宝宝认字的时候，他总是一学就会。对于世间万物，他也总能够以欣赏的眼光去看待，能够记住事物美好的一面。毋庸置疑，这些和小林的胎教是分不开的。

宋姐爱心课堂

小林在怀孕期间，因为一直很重视胎教，注意自己的一言一行，给胎儿创造了较好的成长环境，使得宝宝出生后，很是健康活泼、聪明可爱。而在现实生活中，很多母亲都没有意识到胎教的重要性。她们认为，在孩子出生之前，一切顺其自然就好。可是实际上，母亲的这种观点是极为错误的。

研究表明，胎儿在5周的时候，就已经有了比较复杂的生理反射机能，10周的时候便有了感觉、触觉功能。20周的胎儿就可以感知外面的声音，30周的胎儿有听觉、味觉、嗅觉和视觉功能，他们能够感受到妈妈的心跳声和爸爸的说话声等。这时，妈妈的一举一动就显得极为重要，这也是进行胎教的最重要的时刻。

斯托夫人告诉大家：胎教是人们都必经的基础教育，而母亲在这个过程中起着主导作用，所以，胎教一定要从孕妇自身做起，提升自身的修养，增长自身的知识，这是胎教的关键所在。

斯托夫人支招DIY[①]

做母亲可不是一件容易的事情，在教养孩子的过程中，一定会有很多难以预料的困难。其中，孩子的教育是重中之重，它不仅仅体现在书本教育和后天教育上，还体现在母亲的胎教上。

---

①DIY是英文Do It Yourself 的缩写，直译为“己为之”，扩展开的意思是自己动手做。

●语言胎教

母亲在怀孕期间要经常和腹中的胎儿对话，这是胎教中很重要的一项。在描述过程中，妈妈的思维也会变得更加清晰，更有利于胎儿接收这些信息。

●阅读胎教

作为母亲，可以定时给腹中的宝宝讲故事，让宝宝有一种安全感和温暖感，这样一来，能够让宝宝对语言变得更加敏锐。胎教书籍一定要避免选择过于暴力、激情和悲伤的内容，最好是父母合作念给宝宝听，这样有助于亲子沟通。

●音乐胎教

妈妈可以选择自己喜欢的轻音乐。轻音乐能够改善子宫的血液循环，刺激胎儿的大脑发育，从而有利于宝宝的生长发育。此外，妈妈也可以经常给胎儿唱歌，这是一种很好的刺激，有利于胎儿的大脑发育。

●光照胎教

光照胎教是指母亲要适宜地让胎儿接受光的刺激，这样有利于促进胎儿视网膜光感受细胞功能的完善。母亲在怀孕六个月之后，可以有意识地每天用手电筒对着婴儿的头部照射五分钟。结束的时候，可以反复开关手电筒，但是不能在胎儿休息的时候实施，否则会影响胎儿的生长。

●抚摸胎教

父母可以轻轻拍打胎儿，用这种方法对胎儿进行触觉上的刺激，有利于胎儿感觉神经和大脑神经的发育。经过抚摸胎教的胎儿，都有着很强的肌肉活动力，对于外界刺激有着很快的反应能力，比普通孩子更早学会站立、行走等动作。

●体育胎教

怀孕7周后，胎儿在腹中就会自己活动了，小到眯眼、吞咽、握拳头，大到转身、舒展、翻跟头。父母也可通过声音和动作，与腹中的宝宝交流，让宝宝有安全感。与此同时，父母也可以带着胎儿进行体操锻炼，增强孩子的肌肉活动能力。

斯托夫人小语

每一对父母都希望自己的宝宝可以接受最好的教育，可以在一个健康舒适的氛围内成长。所以，女性朋友在做母亲之前，一定要做好充分的准备，不但要对其进行后天的教育，更要注重胎教的实施。

孩子是否能够成功成才，关键在于母亲百分之一的改变和教育。

——斯托夫人

阅读时间：25分钟　　受益指数：★★★★★

妈妈是孩子最好的老师

妈妈是孩子最好的老师。妈妈的一举一动、一言一行对于孩子来说，都有着极其重要的作用。妈妈的一句话就有可能影响到孩子的一生；妈妈的一件事，或许就会给孩子带来难以磨灭的印记。

故事的天空

有一天，小芳趁妈妈不在家的时候，弄乱了妈妈书桌上的资料。等妈妈回家之后，看到这种情况并没有对她出言责备，而是静静地看了她一眼，然后便走过去把书桌上的资料重新整理好。而小芳站在一边看完这一切后，便回到了自己的房间。

晚饭后，小芳让妈妈帮自己收拾房间。小芳的妈妈走进房间后，看到了散落一地的玩具，还有掉在地上的床单。小芳的妈妈一句话都没有说，便转身离开了。

小芳追着问道："妈妈，你怎么不帮我收拾房间？"

"小芳，我为什么要帮你收拾房间呢？"

小芳很是疑惑地看着妈妈说：

“可是，平时都是你帮我收拾房间的呀。”

“可是今天你把我的资料弄乱了，谁又帮我收拾呢？”

小芳听了妈妈的话，更加不解了。

“女儿，那你告诉我，我的资料怎么会乱呢？”

“被我不小心弄乱的。”

小芳的妈妈又问道：“那么，你能告诉我你把它弄乱的理由吗？”

“妈妈，我只是感觉那样做很好玩。”

“好玩？它们是玩具吗？”

小芳好像还没有明白妈妈的意思。

“你看，你花一分钟的时间就能够把妈妈的资料弄乱，但是妈妈却要花费好几倍的时间才能够整理好。你玩玩具的时候没有想到我，现在不需要玩具了，却要让我来帮你整理。那么，妈妈的那些资料，你怎么能够将它扔得满地都是呢？”

小芳这才认识到自己的错误，她低着头说：“妈妈，对不起，我错了，以后再也不弄乱你的东西了。”小芳说完便回到自己的房间，关上了门。一会儿，小芳又将妈妈叫到自己的房间。原来，小芳自己收拾好了房间，虽然看上去并没有那么整齐，但是她的行为还是感动了妈妈。

从那之后，小芳再也不乱动东西了，并且大部分时间她自己的东西都会自己整理。

宋姐爱心课堂

妈妈是孩子最重要的老师，故事中小芳犯了错误，小芳的妈妈并没有采取极端的手段来训斥小芳，而是根据实际情况，让小芳设身处地地去思考自己错误的举动，从而改掉了小芳乱扔东西的坏习惯。

孩子生命的起点便是源于母亲，不论是多么伟大的人都是在母亲的孕育中成长的。母亲不仅给了孩子生命的权力，而且也是对孩子们最早、最重要、影响最大的老师。母亲的教育工作是从胎儿时期就开始的，直到陪着孩子长大成人。所以，母亲的一言一行对于孩子有着很重要的影响，孩子的很多习惯、品质都是来自于小时候的影响，来自于妈妈的教导和培养。

斯托夫人说：“母亲是孩子最重要的老师，为人之母便要担当起教育子女的重任，既要尽到养的责任，又要尽到育的责任。”母亲要教育孩子怎么做人、怎么更好地生活、怎样培养良好的行为习惯和道德品质。

一个好妈妈要胜过一百个好老师，就算是在经济高度发达的今天，这一观点也是非常实用的，并且在这个时代背景下，孩子的培养问题又有了新的内涵，这就使得妈妈的教育更为重要。

不过，只要父母秉着与时俱进的思想，关爱孩子，了解孩子，尊重孩子，对孩子循循善诱，给孩子树立一个好榜样，那么就能够培养出一个时代需要的人才。

斯托夫人支招DIY

母亲是孩子的第一任老师，扮演着很重要的角色。在日常生活中，母亲的引导显得极其重要。实际上，妈妈与宝宝的相处是很紧密的，对宝宝的教育范围比较广，涉及生活中的方方面面。母亲既要在思想上引导宝宝，也要从自身行为上为宝宝树立榜样，可谓是宝宝最为直接、全面的老师。

●和宝宝的相处模式很重要

妈妈和宝宝24小时相处在一起，倒不见得是什么好事。其实有些时候，妈妈和宝宝适当分开是有必要的。所以，妈妈在照顾宝宝的过程中，可以偶尔给自己放个假，出去玩一下或者充充电。这样能够很好地调节妈妈的疲惫心态，在宝宝面前保持更好的状态，如此一来，对宝宝、对妈妈都更为有利。

●合理安排时间

有一些妈妈经常抱怨自己的时间太紧迫，和宝宝相处的时间并不多。其实不然，只要妈妈合理安排自己的时间，就不会在工作和宝宝之间两难抉择了。宝宝的成长仅有一次，妈妈应该全程参与，多抽出时间陪着宝宝，引领他认识外面的世界，告诉他人生的道路该如何走。

●让宝宝多玩、多尝试

有一些妈妈，总是因为家务繁忙便将孩子搁置一边。其实，大可不必这样。当你在择菜做饭的时候，可以对宝宝说："宝宝乖，可以帮妈妈一起择菜吗？"这样一来，家务活没有耽误，也没有因此而忽视宝宝。让宝宝和你一起劳动，在劳动的过程中，妈妈还可以教宝宝了解最基本的蔬菜知识。这样一来，妈妈和宝宝都会感到轻松开心。

●不要忽视了洗澡的时间

宝宝洗澡也是很重要的一个环节，这是培养亲子关系的重要时刻，也能趁此机会让宝宝认识到自己的身体结构，认识到冷水和热水的区别等。不过妈妈不能纵容宝宝，将洗澡弄得像打水仗一样，这样不但会错过教育的机会，还会破坏掉亲子氛围。另外，在洗澡过程中，妈妈一定要注意宝宝的安全，以防宝宝烫伤或者摔倒。

●和宝宝分享你的生活和态度

宝宝时时刻刻都在模仿着父母的一言一行、一举一动，你的行为便是宝宝成长路上的行为准则。所以，妈妈在平日和宝宝相处的时候，一定要注意自己的言行，要把自己正面的、积极的能量传递给宝宝，比如和宝宝聊聊你现在的生活、你对生活的积极态度等。

妈妈要注意，在宝宝面前千万不可一味地抱怨，给宝宝带来不好的影响。宝宝希望得到妈妈的关心和爱护，而不是妈妈的唠叨，所以只有认真、积极的行为，才会让宝宝感到开心和快乐，让宝宝在这种氛围中，学习到积极的生活态度和处事方式。

斯托夫人小语

在日常生活中，母亲对孩子的影响是潜移默化的，母亲的一言一行都被孩子看在眼里、记在心里。如果母亲不能以身作则，用实际行动来教导孩子，让孩子认识到什么是正确的，什么是错误的，那么就不可能教导好孩子。所以，母亲应该谨言慎行，给孩子树立一个好榜样，这样就可以得到孩子的尊重和敬爱，给孩子指明一个健康发展的方向。

最合格、最好的母亲就是有责任、有爱心的母亲。

——斯托夫人

阅读时间：30分钟　　受益指数：★★★★

做一个合格的妈妈

一个有责任心的母亲会时刻关注孩子的成长，不断地摸索培养孩子的经验和方法，同时还会注重自身修养的提高，注重提升知识储备量，并且注意用积极向上的态度去影响孩子的生活和成长。

故事的天空

小水是一位单亲妈妈，婚姻的失败让她心灰意懒，再加上生活上的重担，使得小水不堪重负、几度崩溃。还好，她还有一个聪明漂亮的小女儿，女儿的笑容成了小水唯一的希望和慰藉。

可是，随着年龄的增长，女儿脸上的笑容逐渐消失了，她不再像以前那么快乐了。每天放学回家后，女儿便躲在房间里面不出来，也不愿意和朋友一起玩耍。小水不知道女儿到底出了什么事儿，而女儿也不愿意和她交流。

直到有一天，女儿的老师拿着女儿的一篇作文找到了小水，这时她才意识到了事情的严重性。女儿在作文中写了一个内心自卑的小女孩，做什么事情都出错，脑袋迟钝，每个人都很讨厌她，她因此生活得并不开心。

老师对小水说："文章中的小女孩很可能就是您女儿的内心想法，希望您能够和女儿好好地谈谈。"小水看完作文后，沉思了很长时间。她好像在女儿的作文里看到了自己的影子。

小水认识到自己的消极情绪已经对女儿造成了不好的影响，想要改变女儿的生活态度，就要先改变自己的生活态度。于是，小水制订了一份计划，决定要振

作起来，并且她把这项计划告诉女儿，让女儿做她的监督人。每天晚上，小水都会把第二天要做的具体事情写下来，为了提醒自己，小水还把纸条放在餐桌上，让女儿每天早上念给她听，晚上回来后，还会和女儿一起检查执行的情况。

刚开始，女儿并没有将小水的行为放在眼里，过了一段时间，女儿也被小水的坚持感动了。在讨论成果的时候，她开始给小水提出各种意见。过了没多久，小水在女儿的脸上又看到了熟悉的笑容，这让她倍感欣慰。从那之后，小水也像变了个人似的，对生活充满了信心。

宋姐爱心课堂

小水消极的生活态度对女儿造成了不好的影响，让女儿感到非常自卑。幸好，小水最后认识到了自己的错误，才又唤回了那个活泼爱笑的小女孩。

德国伟大的诗人歌德将自己的成就归功于他的母亲。他说，他的母亲是一位才华横溢的女人。她满腹智慧、生性活泼，她身上所富有的积极向上的能量，给歌德带来了很大的正面影响。

由此也可以看出，母亲的伟大并不仅仅体现在孕育生命上，更在于对孩子的呵护和养育上。现在，衡量一个母亲是不是好妈妈，在心理学界有这么一个说法：给孩子多了不好，给少了也不好，给足够才是最好。不过，这个“足够”到底是什么标准，妈妈们确实很难把握。这就要求妈妈们要时刻与时俱进，不断发展和改进自己的教育方法，重视教育这门艺术。

一名合格的妈妈会为了孩子付出自身的一切，会从孩子的角度出发，根据孩子自身的意愿，来帮助孩子，教导孩子走向成功；合格的妈妈会在孩子遭到挫折的时候，帮助和鼓励孩子。要知道，这个世界上并没有十全十美的孩子，所谓的“十全十美”就在于妈妈的教育和引导，就在于妈妈是否能够选择正确的方式。

斯托夫人说："教育孩子并没有什么捷径可走，也没有什么灵丹妙药，有的只是母亲不断地摸索，不断地改进，找出一条适合孩子成长的道路。只有这样，才能够成为一名合格的妈妈，成为一名好妈妈。"

斯托夫人支招DIY

那么到底什么样的母亲是最合格、最出色的呢？斯托夫人根据自己的教子经验，给了广大母亲一些合理可用的意见。

●做一个宽容、慈爱的母亲

合格的母亲应该是从容自若、宽容大度的，应该懂得选用最合理的方法来教导孩子，舍得将大部分的时间放在孩子身上，以乐观积极的态度面对孩子，有耐心回答孩子的问题。所以，在孩子出生之前，一个合格的母亲就应该做好这一切准备。

●不断寻求教育方法，提升自身修养

每一位母亲都应该明白，教育孩子的方法和知识是永远不会够的。所以，母亲在教育孩子的过程中，应该时刻寻求教育的新方法和方式。好的妈妈应该在寻求和探索中不断完善自身，并逐步改进自己的教育方法，直到孩子们长大成人，离开家门。

●不要怀疑自己是个好母亲

有些母亲在培养孩子方面，经常怅然若失，怀疑自己是否有能力把子女培养成人、成才。在指责子女的时候，在自己犯下错误时，妈妈们都会有这样的感觉。其实你根本不必怀疑，你就是一个好母亲、好妈妈。

每个母亲都避免不了发脾气，在遇到自己难以解决或者疑惑的问题时，你可以试着向有经验的妈妈取取经，听听她们的教子方法，试着去改变自己和子女相处的模式与态度，改变自己的教子方法，这样你就能够成为一名合格的母亲，成为一个好妈妈。

所以，不管在教子过程中发生什么事情，都不要怀疑自己的能力，而是要尽可能地去寻找解决的办法，摸索出一套适合子女成长的教育方式。这样一来，不仅解决了母亲的难题，也会有利于子女的成长。

●和宝宝平等相处

合格的妈妈不应该将宝宝看成什么都不知道的婴儿。其实，就算是还在牙牙学语的婴儿，妈妈也应该给予他尊重。同时，当宝宝对你说出他的意见时，妈妈要及时给予理解和引导，不可将此当作“儿戏”。虽然宝宝因年龄问题，不能完全理解妈妈的意思，不过这个时候，妈妈只需要耐心地和宝宝沟通讲解，那么他就会认同你的做法，接受你的教育方式。

斯托夫人小语

一个合格而优秀的妈妈，指的并不是一个没有脾气、对孩子百依百顺的妈妈。一个好妈妈会根据孩子的自身特点，去选择适合孩子成长的教育方式和手段，用积极的态度面对孩子，让孩子遵循自己的引导，拥有一个健康的人生。其实，每个妈妈都能够成为一个好母亲，只需要你做好应做的事情即可。

向孩子学习，和孩子一起成长，这会让作为父母的你领悟到生命的本质和生活的品质。

——斯托夫人

阅读时间：30分钟　　受益指数：★★★★★

向孩子学习

在开放环境中成长的孩子看来，妈妈已不再是绝对权威。如今，同辈群体的影响日益增强，他们更关注自我的发展，与人相处更注重原则，认识的广度越来越大，面对新环境的应变能力也在不断提高。所以，在此前提下，妈妈不应该再以自己为中心，让孩子根据你的路线去行走，而是要向孩子学习，和孩子一起成长。

故事的天空

王小姐在市中心开了一家杂货店，她是一个很会做生意的人，所以每天都会有很多顾客光临她的小店，其中还包括很多外国游客。可是，烦恼来了，因为王小姐不会英语，无法和外国人进行正常的交流。有时候，用手势沟通，不仅浪费时间，而且最后的成交率也很低。

有一次，一个老外相中了王小姐店中的一个小型的纪念品，准备将它买下来。可光是谈论价格就花费了王小姐将近一个小时的时间，最后老外感觉和王小姐交流很困难，便放弃了购买纪念品的打算。

这一次，让王小姐下定了决心，一定要学习英语。回到家，王小姐看到5岁的儿子正在电脑前观看英语教学视频，儿子学得很是认真，别看他年龄小，他可是都能够进行简单的英语对话了呢！

于是，王小姐走过去对儿子说："儿子，妈妈从现在开始，想要和你一起学习英语，你做妈妈的小老师，好不好？"儿子听了之后，扭过头来说道："妈妈，你想学习英语？"妈妈肯定地说："是的，可是妈妈不知道该怎么学习，你能够帮助妈妈吗？"儿子拍拍自己的胸脯说道："没问题，妈妈，我来教你。"

从那之后，王小姐和儿子每天都早起练习英语，王小姐先跟着儿子学习简单的"ABC"，后来又和儿子一起接触了单词、短语、句子等。就这样，两年之后，王小姐和儿子的英文水平突飞猛进，她不仅扩大了自己的店面，而且还结交了好几个知心的外国朋友！

宋姐爱心课堂

妈妈向孩子学习，会让孩子有一种认同感。就好比王小姐的儿子一样，在听到妈妈要向自己学习的时候，很是高兴，从而也能够更加卖力地学习，在妈妈的陪伴下，健康地成长。

斯托夫人曾经说过："不管在什么时候，我们都需要这么一个孩子，让他作为我们的老师。"

现在的孩子身上有很多值得大人学习的优秀品质：对新事物和新思想的接受能力比较强；主体性比较强；有着很强的法律意识、平等意识和自我保护意识；有着很强的公民意识、环保意识；有着良好的生活态度，兴趣爱好比较广泛等。

所以，作为母亲，应该充分了解现代社会是一个两代人共同成长的社会，需要两代人互相学习。所以，如果每一位母亲都能够做到向孩子学习这一点，不仅可以拉近两代人之间的距离，而且在孩子心中还能够树立起人格的丰碑。

只有这样，妈妈和孩子才能够共同学习、一起成长，才能够为孩子创造出一种融洽的学习氛围，和孩子相互尊重、平等相待。

斯托夫人支招DIY

那么，母亲该怎样向孩子学习呢？斯托夫人给了以下几点建议。

●懂得欣赏孩子的优点

世上没有十全十美的人，作为一个身心发展都还未完善的孩子来说，缺点更是暴露无遗，这就需要父母正确地看待孩子身上的优缺点。那些优秀的母亲和教育专家总是能够看到孩子身上的优点，进而及时、热情地给予回应和欣赏。

●改变自己的观念，终身学习

在斯托夫人眼中，面对这瞬息万变的社会和日益激烈的竞争，母亲自身所具备的知识、价值观念和行为习惯等都已经很难适应社会的飞速发展。而孩子一出生便面对这个多彩的世界，在这个新时代中快速成长，对于这个时代有着强大的适应能力。在这样的前提下，母亲便更应该向自己的孩子学习，从他们的身上感受到社会的变化，跟随他们的成长，适应这个新社会。

●在孩子面前，不要拿家长的架子

在知识科技高度发达的今天，孩子用几年的时间可能就会掌握家长花费几十年的时间所学到的知识。家长心中没有“学富五车”的知识，就不需要在孩子面前充当一个博学者，去维护所谓的家长权威。如今的社会是一个信息化社会，父母应该放下架子，主动向孩子了解外界知识科技的发展。

●与时俱进，和孩子一起成长

新时代下的生存方式便是与时俱进和学习化。

在信息时代，所注重的并不是知识的积累，而是一个人的学习能力，甚至可以这么说，知识经验越少的人，就越有机会去接触新知识，越有能力去接触新鲜的事物。而这个时代的孩子，身上也蕴含着巨大的发展潜能，这也是父母需要向孩子学习的关键所在。

斯托夫人小语

父母向孩子学习的前提是了解孩子，了解时代的变化。生活在信息时代的孩子，其本身就是一本有着极其丰富内容的书，父母和教师只有静心研读，才能够明白孩子心中的“十万个为什么”，才能够悟出该向孩子学习什么。

每个孩子之间都有很大的差异。作为父母，只有认识了解了孩子的天性，知道孩子自身的特点，进而因材施教，这样才会少一点疑惑，多一点明智；孩子也就会少一点挫折，多一点成功。

——斯托夫人

阅读时间：25分钟　　受益指数：★★★★

因材施教，顺应孩子的天性

“没有教不好的孩子，只有不合适的教育”，教育一定要适合孩子的天性。每个孩子身上都有闪光点，关键是要有一双善于发现的眼睛，而好妈妈就应该有这样一双善于发现孩子潜在能力的眼睛。

故事的天空

花花的妈妈是个美术教师，所以她也希望花花能够在美术方面有所成就。花花3岁的时候，妈妈便训练她分辨颜色的能力，并开始手把手地教她画画，很是费了一番心血。

可是对于花花来说，美术并不是她所感兴趣的，也不擅长。在学习绘画的时候，她不是将画笔弄丢了，就是连简单的颜色搭配都记不得了。为此，花花的妈妈生了很大的气。可是，花花不仅没有改进，还将妈妈送给她的画纸给撕碎了，以此作为反抗。

花花的妈妈很是无奈，不知道要不要继续让花花学习美术。有一天，花花的妈妈带着花花去一家大商场购物，这家商场大厅内，正好有一位音乐家在演奏。花花听到音乐后，竟然不走了，眼睛直勾勾地盯着钢琴，小手指还一下一下地打着节拍。花花的妈妈心想：花花应该是喜欢音乐的。

于是，从那之后，花花的妈妈给她请了一位音乐老师，还给她买了几种乐器，让她加以练习。结果很显然，原本对美术提不起兴趣的花花，在音乐面前却有着十二万分的精神，整天缠着音乐老师为她演奏乐曲，或者是听音乐老师讲述歌曲背后的故事等。

不仅如此，花花的妈妈还给她买来了很多的音乐录像和一个迷你小话筒。有时候，花花的妈妈也会鼓励她开一些小型演唱会，真是“星味十足”啊！

宋姐爱心课堂

想要让自己的孩子成才，唯一的办法就是要因材施教。因为每一个孩子在性格、智力和心理方面都会表现出他们的独特性。每个人都有自己的优点和缺点，我们只有了解了孩子的自身特点，顺应孩子的天性，采取适合孩子自身的教育方式，才能达到事半功倍的效果。

妈妈们要注意观察孩子的行为举止，善于发现孩子的爱好，了解孩子的个性特点，根据孩子的天性选择培养孩子的适当方式。像上面的故事一样，妈妈能根据孩子的天性来进行教育，结果也是乐观的。

有时候，孩子某些方面的天赋表现并不是很明显，这就需要妈妈做个有心人，耐心等待。善于发现，多给孩子一些尝试的机会，让孩子有足够的表现机会，充分地展现自己，这样妈妈就能更好地发现孩子的长处了。

斯托夫人认为每一个孩子的性格都各不相同，有些孩子天性敏感多疑，有些孩子则是生来胆小懦弱，有些孩子喜欢争强好胜，有些孩子则是有着比较强的虚荣心，有些孩子则是比较坚强勇敢……面对性格不同的孩子，妈妈应该采用不同的教育方式。根据自己孩子的性格特点，选择恰到好处的教育方法，只有这样，孩子才能够健康、愉快地成长。

斯托夫人支招DIY

在老师和家长的压力下，强迫孩子学习自己不感兴趣的东西，或许最终孩子能够掌握一些技巧，完成基本操作，但这并不是出于孩子的主动和兴趣，这样就不能激发孩子的灵感，当然也就不会有什么创造性了，自然也就培养不出真正的人才。

妈妈要发现孩子的“天赋”，让孩子认识、了解自己的特长、专项。这就要妈妈细心、仔细地观察孩子，找准了，就是帮孩子找到了一把开启成功的钥匙。

●日常生活“暴露”天性

在日常生活中，妈妈们要用心观察孩子，发现孩子的天赋。比如，发现宝宝能出色地记忆诗歌和电视播放的专栏乐曲，喜欢跟随乐器的弹奏唱歌等，这些都说明孩子在艺术领域可能有所发展；如果宝宝爱提些怪问题，喜欢自己动手，什么东西都一学就会，说明宝宝的动手能力和空间想象力比较强，可以向动手动脑的方向引导孩子。

●性格引导兴趣爱好

不同性格的人，兴趣爱好也不一样；不同性格的人，适合发展的路线也不一样。一般而言，性格开朗的孩子喜欢交往，喜欢热闹的活动和游戏；而性格内向的孩子，则更喜欢安静一些的活动。所以妈妈可以根据孩子的性格、爱好，选择培养孩子的特长。

●自由启迪智慧

幼儿时期的孩子，还没有养成丰富的思维能力，没有洞察世界的敏锐力，这也致使他们的想象在大人看来很可笑，甚至有些妈妈还会阻止孩子，告诉孩子这些想法是不切实际、不可能实现的。比如，孩子看动画片了，可能会说自己有一天也会去动画中的那个星球，那里有………对于孩子的这些想法，妈妈最好不要阻止，而要在孩子的想象中观察孩子的思维能力和行为举动，以便对孩子更好地因材施教。

斯托夫人小语

因材施教就是要根据孩子自身的特点来教育他，万不可生搬硬套。就像做木工，要根据木头的纹理进行加工才能做出精美的器物，妈妈对孩子的培养也一样，只有顺应孩子的性格爱好，才能培养出优秀的孩子。

亲子关系好了，便胜过很多教育。妈妈和孩子的关系越好，那么对孩子的教育也就越成功；相反，妈妈和孩子的关系越差，那么对孩子的教育也就越失败。

——斯托夫人

阅读时间：25分钟　　受益指数：★★★★★

搞好亲子关系很重要

每一个孩子都渴望得到父母的爱，所以亲子关系也就显得尤为重要。在现实生活中，很多妈妈将自己的关注点放在了孩子的学习上，最后却激起了孩子的反叛心理。其实，这主要是因为妈妈的做法给孩子加注了太大的压力，才致使这种结果的出现。

故事的天空

现在，很多父亲为了养家糊口，都外出务工，甚至好几年才回来一次，这也就剥夺了他们搞好亲子关系的机会。有很多小孩子和父亲生疏，不愿意和父亲交流，甚至有些都不认识自己的父亲。

不过，这里面也是有例外的。小鱼儿的丈夫是一名军人，长期驻守在外，很少有时间回家。可是他们的儿子亮亮不仅和父亲不生疏，其亲近关系反而远远超过了和妈妈之间的关系，这是为什么呢？毕竟每日陪伴在孩子身边的可是妈妈呀！

原来，因丈夫长期在外，为了维持儿子和丈夫之间的亲子关系，小鱼儿可是煞费苦心。亮亮几个月的时候，小鱼儿便拿着丈夫的照片，让亮亮叫爸爸，这样也就使得亮亮从小便对自己的父亲有很深的印象。而丈夫回来之后，小鱼儿便把儿子全权交给自己的丈夫，为的就是进一步增进他们之间的亲子关系。

亮亮会走了之后，小鱼儿还会隔段时间，带着儿子前往丈夫所在的城市探望，一是为了让儿子增长见识，二是也想让丈夫多一点儿和儿子相处的时间，毕竟，在孩子的成长过程中，父亲也扮演着很重要的角色。在小鱼儿的精心调节下，儿子亮亮和丈夫的关系，竟然比和自己的关系还要好。

有一次，4岁的亮亮学习画画的时候，因为不太擅长上色，幼儿园每次布置的绘画作业，他都完成得马马虎虎，并没有出彩之处。这让小鱼儿很是着急。可是逼得急了，亮亮干脆放下笔不画了，不管小鱼儿怎么劝导都无济于事。

后来，小鱼儿将此事拜托给自己的丈夫，谁知，在丈夫的引领下，亮亮竟然爱上了绘画。

如今，亮亮已经6岁了，每次和爸爸打电话聊天的时候，他都像个小大人一样，给爸爸报告自己最近的情况，讲讲自己最近的生活等，在小鱼儿这位合格妈妈的平衡下，亮亮和父亲的关系真是突飞猛进啊！

宋姐爱心课堂

小鱼儿可以说是一位很称职的母亲，她明白亲子关系的重要性，从小注重培养孩子对长期在外工作的父亲的认识，这样一来，也就让孩子少了很多生疏感，从而没有让亲情输给距离和时间。

现下，很多父母都因为工作的原因，和孩子聚少离多，无法搞好亲子关系。有一些父母也会抱怨自己的孩子越来越不听话，想要教育他却是有心无力。长时间下去，随着孩子的逐渐长大，孩子和父母之间的关系也会慢慢疏远。其实，处理好亲子关系并不难，关键就是“时间”和“技巧”。

实际上，每一对父母都有和孩子相处的时间，关键就在于你如何安排这些时间。有些妈妈把时间花费在和好友的约会、逛街上，有些父亲则是把时间给了自己的几个牌友，从而忽视了和孩子在一起的时间。还有一些父亲，为了家庭生计，长期在外务工，无法长期在家陪伴孩子，致使孩子渐渐和自己生疏。

所以，对于那些沉迷于自己游戏的父母，应该缩减自己的个人时间，多多陪伴孩子，这样才能搞好亲子关系；而对于那些长期在外的父母，便可以效仿故事中的小鱼儿，作为妈妈，要连接孩子和父亲之间的亲子纽带，时常带着孩子前去探望，平时也不能忽略孩子对父亲的认识等。

而在和孩子相处的技巧上，父母不能过于溺爱孩子，让孩子失去自我生存的能力；也不可过分冷漠和严格，引起孩子内心的反感，这些都不利于亲子关系的培养。

斯托夫人支招DIY

斯托夫人认为，要想和孩子搞好亲子关系，妈妈首先要把自己也变成一个孩子。对教育孩子来说，拥有一颗童心，是相当重要的一件事。童心未泯的人，才能真正抛开自己所谓“大人”“妈妈”的身份，全心地接纳孩子。当你接纳了孩子，孩子才会有可能接纳你。那么作为父母应该怎样搞好亲子关系呢？

● 妈妈要舍得花费心思和时间

亲子关系需要花费时间和心思，去用心经营。你可以将家务活交托给别人，也可以把家让他人照看，但是亲子关系却是需要你自己维护的。不管妈妈上班如何忙碌，都应该抽出一点时间和孩子一起聊聊天，谈谈彼此的心情，接送孩子上学等，这都是培养亲子关系的有效途径。

● 懂得倾听孩子说话

作为母亲，应该学会倾听孩子话中的意思，不光是用耳朵去听，还要用心去听。母亲时常和孩子交流，这会让孩子对母亲敞开心扉，把心里的想法说出来，这也是培养亲子关系的关键所在。

● 尊重彼此的私人空间

母亲应该给孩子创造一点自由的私人空间，让孩子多一点自己的选择。比如母亲喜欢古典音乐，但是没有必要让孩子也喜欢古典音乐。

母亲还要尊重孩子的隐私，就算是看上去很小的事情，也不应该轻易在公共场合讨论。没有得到孩子的同意，母亲也没有权力去偷翻孩子的物品，比如日记本或者是信件等。只有让孩子感觉到了尊重，他才会学会尊重，才有利于亲子关系的发展。

● 要有共同的追求和兴趣

和孩子有共同的追求和兴趣，则会更有利于亲子关系的培养，拉近与孩子间的距离，培养和孩子之间的默契。在这种环境的熏陶下，孩子必然也会和父母建立良好的关系。

●控制好自己的情绪

在父母和孩子的相处过程中，冲突是不可避免的。那么在发生冲突的时候，父母应该控制好自己的情绪，换位思考一下，或许思绪就会豁然开朗起来。家庭应该是一个安全的场所，应该是让孩子能够自由发泄心中正面和负面情绪的场所，而父母应当给予及时的引导和鼓励，而不是怒骂和痛斥。

●记录家庭的温馨片段

增强亲子关系，建立家庭感情资料库，将家庭中的温馨片段一一收藏起来，比如说相册、录像、孩子的成长日记、家人留的小纸条等，这些都是无比珍贵的回忆，而这些情感的储备将会对亲子关系的培养有着很重要的影响。

斯托夫人小语

妈妈想要更好地了解孩子，就必须多跟孩子沟通、接触，从孩子的语言行为中了解他内心的真实想法和需求等。只有充分了解孩子，妈妈才能够更好地和孩子搞好彼此之间的关系。

妈妈经常用命令的口气对孩子说话，叫孩子做事，这样会使孩子产生逆反心理，很难收到预期的教育效果。一直在命令中做事的孩子，会缺乏主动性，容易形成懦弱的性格，不利于孩子的成长。

——斯托夫人

阅读时间：30分钟　　受益指数：★★★★★

不要用命令的语气和孩子说话

孩子是独立的个体，他们有自己的想法，也需要被人尊重。孩子希望妈妈能够尊重自己，不强迫他做自己不愿意做的事，不要用命令的语气和他说话。孩子在听到妈妈命令的语气时，会立马表现出对立、不满的情绪，结果致使妈妈与孩子的关系逐渐僵化。

故事的天空

“君君，你是怎么搞的，弄得满屋子都是玩具，赶快收起来，一会儿妈妈的同事要来家里做客。”妈妈对君君说完，便走进卧室去换衣服了。可君君只是看了妈妈一眼，没有说话，还是继续在地上摆弄自己的玩具。

“怎么？你没有听到吗？我让你把玩具收起来！”妈妈看到君君并没有听自己的话，又从卧室冲了出来，指着君君大声训斥道。君君还是站在那里，一动不动，不顶嘴，也不收拾。看到君君这样，君君的妈妈也只能自己蹲下去收拾玩具，一边收拾，还一边埋怨着。

这时，君君的爸爸进门了，开口便说道：“君君啊，今天爸爸工作很累，能帮爸爸把拖鞋拿过来吗？”听了爸爸的话，正在一边站着的君君很快便跑过去，给爸爸递了一双拖鞋，随后还将爸爸的皮鞋放在鞋架上。

君君的爸爸坐到沙发上后，君君又对爸爸说道：“爸爸，你今天很累，我来帮你按摩一下吧！”说着，君君便用自己的小拳头，给爸爸捶起背来。这让在一旁收拾玩具的君君妈妈很是纳闷，为什么她让君君做事的时候，君君就是不听呢？而他爸爸一吩咐，不仅帮忙递拖鞋，还主动给爸爸捶背呢？

到了晚上，君君的妈妈问君君爸爸：“为什么我的命令君君不听，而你的命令他就听呢？”

君君爸爸说道：“我的那是请求，并不是命令。小孩子都不会喜欢父母用命令的语气对他们说话。这也就是我比你受欢迎的原因。”

君君妈妈听了之后，若有所思地点点头。从那之后，君君妈妈再也不用命令的语气和君君说话了，而君君果然变得听话了很多。

宋姐爱心课堂

通过君君妈妈和爸爸对君君说话语气的不同可以看出，君君对于命令的口气极为抗拒，而请求的语气对君君来说却是很受用，由此看来，在和孩子沟通的过程中，命令的语气是不可取的。

此外，妈妈对孩子说话总用命令的口气，不利于孩子独立意识的形成，长此以往，孩子就很容易形成一种懦弱自卑的性格。

作为妈妈，应该从孩子的长远考虑，放下权威的架子，和孩子平等相处。真正做到把孩子看作是一个独立的个体，尊重孩子，不命令也不强加自己的想法给孩子，只是提出想法和建议，让孩子自己选择。可是，很多母亲并不知道，孩子就是在错误中才迅速成长起来的，妈妈应该给予孩子充分的信任，让孩子自己做出选择。

天下所有的妈妈都一样，都希望自己的孩子能够健康快乐地成长，同样也不希望自己在孩子心中失了威信。那么，这就要求母亲一定要改变与孩子沟通的方式，不要用命令的口气跟孩子说话，多从孩子的角度去思考问题，多听听孩子的意见，让他参与到事件的讨论中，使孩子觉得自己和妈妈是平等的，都有选择的权利。这样妈妈也就能保持在孩子心中的形象了。

斯托夫人支招DIY

父母一定要牢记，说话是两人双向的活动，父母不应该用命令的语气说出来，一定要真诚互动才行。孩子虽然小，但是他们也有自己的想法，如果家长只是一味地命令孩子，最后只会让孩子的性格更加懦弱或者是更加反叛。所以，家长在和孩子说话时，一定要用温和的语气说出你的要求、期许等，这样一来，孩子才会乐意接受你的请求。鉴于此，斯托夫人给予了以下几点意见。

●不要对孩子发号施令

妈妈总是认为自己是孩子的领航者，对孩子发号施令理所当然，否则孩子就会方向错乱、失去目标。其实，孩子在长大的过程中，渐渐有了独立自主的意识，妈妈命令的口气只会让他很反感，认为妈妈不尊重自己，慢慢地就会产生逆反心理，不愿意听从妈妈的话。这样，妈妈和孩子之间就产生了一种对抗，从而影响了母子之间的关系。

●根据孩子自身特点提要求

妈妈应该根据孩子的年龄特点，考虑孩子的言语行为，在此基础上，向孩子提出比较合理适宜的要求。妈妈更不可将成人的标准安插在孩子身上，应该尊重孩子的自尊心，根据孩子的自身特点，向孩子提要求。

●应该学习科学的教育理念

传统的教育理念是孩子要无条件地遵从妈妈的安排，但是在21世纪，妈妈应该不断学习科学的教育理念，改变陈旧观点，尊重孩子人格的平等，不能对孩子强行命令，不可忽视孩子自己的想法和意愿。妈妈要学会换位思考，要多站在孩子的角度去思考问题、看待问题。

对孩子少些命令的口气，多一些商量，就会消除孩子对妈妈的抵触，从而使妈妈与孩子之间的关系变得更加和谐，这也体现出了妈妈的自身修养，在这种教育体制下长大的孩子，也一定会是非常懂事和健康的。

斯托夫人小语

妈妈不要用命令的口气对孩子说话，只要适时放下自己的威严，把孩子当作平等的朋友，就一定会进入非常美妙的亲子境界。

母亲是孩子智力开发的启蒙者，她所带给孩子的快乐是任何事物都无法代替的。所以作为母亲，不管你的工作有多忙，都应该多挤出一点时间去陪伴孩子，更不应该对孩子吝啬你的时间。

——斯托夫人

阅读时间：30分钟　　受益指数：★★★★★

多花点时间陪陪孩子

随着经济的快速发展，现在家庭生活水平也日益提高。大部分的父母都会好吃好喝地供着孩子，给孩子买各种玩具，给孩子报各种辅导班。可是，有一样东西，父母却对孩子越来越吝啬，那就是陪伴孩子的时间。父母总是用各种借口去解释，殊不知，再好的教育条件，若是没有父母的陪伴，孩子在成长的道路上就会很容易“走偏”。

故事的天空

笑笑5岁了，家里除了爸爸妈妈，还有一个贴心的保姆，不过爸妈陪她的时间远没有保姆跟她在一起的时间多。为了弥补孩子，笑笑的爸妈给她买了很多的玩具，可以说是个百宝箱，想要什么就有什么。

虽然家里吃的、喝的、玩的都不缺，但是笑笑并不开心。笑笑看着爸爸妈妈早出晚归，忙东忙西，每当笑笑想要给爸妈讲讲幼儿园的故事时，他们却总没有时间去听，使得笑笑的心里空落落的。

有一次，笑笑生病了，看起来好像很严重，保姆马上带她去医院，并打电话告诉了她的妈妈。妈妈听说后，便急忙往医院赶，看着躺在病床上的女儿，跟医生了解了一下女儿的病情。医生告诉他们，孩子身体上的病倒不严重，但是心理上的问题可能比较严重，看到别的小朋友都有爸妈陪，打针的时候，笑笑一直喊着："我想爸爸，我想妈妈。"

妈妈听后，若有所思。看着女儿那种期待的眼神，妈妈心疼地说："宝贝，好点了吗？现在妈妈在你身边，你要赶快好起来，然后妈妈陪你玩好不好？"

"真的吗？原来生病这么好啊，真想天天都生病，有妈妈来陪呢。"笑笑露出了难得的笑容。

"小傻瓜，如果你天天生病，怎么能和妈妈一起出去玩呢。所以你要赶紧好起来啊，这次妈妈一定会带你去公园玩好不好？"妈妈温柔地说。

之后，笑笑的妈妈就尽可能地抽出时间陪着笑笑玩，答应笑笑的事也尽量兑现。笑笑的生活也变得跟她的名字一样，每天都过得非常开心。

宋姐爱心课堂

亲情对于孩子来说，犹如植物需要阳光、空气和水分一样。现在的孩子大部分都和笑笑一样，有着优裕的物质生活，但是却少了父母的陪伴，也没有多少快乐和幸福。所以，父母应该多花一点时间陪伴孩子，不要让孩子如笑笑般为了得到父母的陪伴，而用生病作为条件。

孩子与父母在一起时的安全感，以及放松的心态与那些由内而外所散发的快乐，是和任何其他人在一起时所无法体会和拥有的。在和父母的情感交流中，孩子能领悟到"被爱"的幸福感觉，进而从中感悟到什么是爱，然后懂得怎么去爱别人。

孩子的物质生活再丰富，也比不上父母的陪伴与呵护。孩子可以没有玩具和零食，但绝不能缺少父母的陪伴。坦白地说，每个父母都可以成为最了不起的教育专家，只要你愿意多留出一点时间给孩子。

许多家长经常会抱怨，现在的孩子可真难管呀！孩子根本听不进父母的话，甚至父母的话都没有老师的话有说服力和威慑力。殊不知，这一切都是父母没有好好陪伴孩子的原因。因此，为了孩子身心的健康成长，父母应该尽可能地空出时间陪着孩子一起玩耍，陪孩子走过最初也是最关键的这几年。

随着生活节奏的加快，家长需要应酬各种社交活动，需要承担来自家庭的压力，需要为孩子创造经济财富等，这一系列的担子让大家忙得了这头管不了那头。很多家长认为没有时间陪伴孩子是理所当然的事情，因为自己这般辛苦也是为了给孩子创造一个美好的将来。

不过，这些事情比起孩子的成长来说，都可以适当地缓一缓。要知道，孩子在最初几年里的成长，极其需要父母的陪伴和教导，需要父母给足他们精神方面的需求，而不是物质方面的东西或者其他人的照看。

斯托夫人支招DIY

父母应该知道，工作固然很重要，但是也不应该就此忽视了和孩子在一起的时间。在斯托夫人看来，孩子在成长的过程中，有些东西一旦错过了，就可能成为永远无法弥补的遗憾。那么，忙碌的父母该怎样多花时间去陪伴孩子呢？

●陪孩子学习

如果父母能够多花一点时间来陪伴孩子一起学习，那么最后肯定会收到意想不到的效果。所以，父母要试着和孩子一起成长，陪着孩子一块学习。这样一来，孩子就会爱上学习并享受学习的过程。

●充分利用休息时间

如果家长实在太忙，那么也可以利用自己的休息时间，陪孩子15分钟，听孩子聊聊学校的事情或说说自己有什么需要父母帮忙解决的疑惑。让孩子感觉到很充实，深刻感受到父母对自己的关爱，让孩子健康快乐地成长。

●虚拟的时间

下午5点之前都没有时间陪孩子，但是又想让孩子感受到你的关爱，那么家长可以画张画或拍个视频放在孩子吃早餐的桌子上，等孩子看到后，就能感受到父母的关心和用心。也可以偶尔往孩子的书包里放一个新玩具，并拿张纸条写上：“爸爸妈妈上班去了，这个新玩具暂时交给宝贝照顾一下吧，宝贝不但要照顾好自己也要照顾好它呢。”

●做家务的时间

当你在家要忙着做饭时，可以让孩子也参与进来，让孩子帮你淘米或帮你拿洗菜盆。时间久了之后，你会发现其实孩子很享受这种和母亲一起劳动的过程，哪怕是来来回回地走上好几趟，孩子都不会表露出厌恶的情绪。如此一来，不但多了和孩子相处的时间，还能够让孩子成为你的好帮手呢。

● 调假期

当孩子放假的时候，父母可以把自己的假期调到孩子假期的时间里，陪孩子一起策划野餐或者出游。父母也可以把一些零碎的时间合理地利用起来。例如午休的时间，下班之后的时间，还有周末的时间，可以把它们都充分地利用起来，为孩子尽可能地做些事情。父母可以轮流陪伴孩子，这样一来不但减轻了父母的压力，对孩子来说，也能充分地感受到父母的关爱。

斯托夫人小语

孩子可以没有好玩的玩具，没有漂亮的衣服，没有可口的零食，但是却绝对不能没有父母的关爱。所以，请不要吝啬你的时间，多花费一些时间陪陪你的孩子，你要知道，这些在孩子眼中，才真正是无价之宝啊！

单亲家庭对于孩子来说，所不同的只是家庭结构，而不应该是爱和责任。

——斯托夫人

阅读时间：30分钟　　受益指数：★★★★★

单亲妈妈如何教养孩子

单亲家庭孩子的教育问题一直是个难题。其实单亲并不可怕，只要妈妈选择优良的教育方法和良好的心态，就不会对孩子的成长造成不好的影响。对于单亲妈妈来讲，教育孩子不仅仅需要爱，更需要方法和智慧。

故事的天空

珍珍生活在一个单亲家庭里。

珍珍3岁的时候，她的爸爸就因为车祸去世了，而她妈妈曾经几度对生活失去了希望，不但没有给珍珍很好的教育，而且还将自己的生活搞得一团糟。

珍珍爸爸去世之后，珍珍的妈妈仿佛变了个人似的，一有不顺心的事儿，便会把火气撒在珍珍身上，而且每日就和几个牌友一起赌博，对珍珍不管不问，后来因为交不起珍珍的学费，珍珍妈妈就把她托付给珍珍的外公外婆抚养。

所以，珍珍从小是在外婆家长大的，和外公外婆的关系非常好，但是却和妈妈的关系渐渐疏远了。每次妈妈去外婆家探望珍珍的时候，珍珍总是把自己关在小屋里，不愿意出来。后来，珍珍的妈妈再婚了，她想把珍珍接回新家，和她一起住。可是珍珍到了新家之后，脾气异常暴躁，经常摔打东西，不和妈妈讲一句话。

珍珍还偷偷告诉外婆："妈妈早已不爱我了，我不喜欢现在的新爸爸，而且新爸爸好像也不喜欢我。"外婆听了珍珍的话，心里很难过。于是便和珍珍妈妈商量，让珍珍跟着他们一起过日子。最终，珍珍和外婆回了老家，从此跟着外婆他们生活，而这也成了珍珍妈妈最大的遗憾。

宋姐爱心课堂

珍珍妈妈以往的做法，不仅造成了自己以后的悲剧，还给珍珍的心理带来了巨大的创伤。大人对孩子的过度忽视，会致使孩子成长过程中爱的缺失，进而导致孩子性格孤僻乖戾、敏感多疑。再加上二次组成家庭也会给孩子带来很大的打击和伤害，让孩子感受不到来自母亲的温暖。

那么，对于单亲家庭的孩子来说，他们到底需要的是什么呢？斯托夫人说，单亲妈妈在日常生活中，可以多抽出时间陪陪孩子，听孩子讲学校的故事，和孩子一起分享小笑话的快乐，这样一来就能够把孩子对爱的缺失感降到最低。

作为一个单亲妈妈，所担负的事情要比其他人多得多。首先在家庭中，单亲妈妈要一人分饰两个角色，所以这就要求单亲妈妈在孩子面前一定要振作，不能消沉，要从容不迫，给孩子最大限度的安全感。爸爸的形象在孩子心目中一向是严肃、谨慎的。研究证明，每天和爸爸在一起相处两个小时以上的孩子，智商要比其他孩子高，男孩子则更加像个男子汉，女孩子长大后则会更懂得如何和异性交往。由此可见，单亲妈妈在教育问题上，真是任重而道远啊！

斯托夫人支招DIY

在一个单亲家庭中，只要充满了爱和关心，孩子一样可以感受到快乐和幸福。不过，这就需要单亲妈妈付出更多的精力和时间，去弥补自身的不足，更好地完成教育孩子的任务。那么单亲妈妈该如何教养孩子呢？斯托夫人给了以下几点建议。

●让孩子感受关爱

平时，单亲妈妈应该多和孩子聊聊天，听孩子说说心里话。单亲妈妈平时要赚钱养家，还要教育孩子，确实是辛苦，但是不管多辛苦，单亲妈妈每天都要抽出一个小时的时间和孩子一起玩耍，这样就能够及时发现孩子所存在的问题。

●注意孩子的素质和品德培养

孩子在步入社会之后，会面临诸多困难，这就需要父母从小培养孩子坚强、优良的性格，为孩子的将来打下坚实的基础。所以，在孩子的教育问题上，单亲妈妈要注重对孩子素质和品德的培养。

●不要刻意回避婚姻问题

有些父母离异之后，在孩子面前便尽量不提起婚姻的事情，其实大可不必这样。单亲妈妈离异后，可以向孩子客观讲述离异的原因，并且还要记得告诉孩子，虽然父母已经离异了，但是父母对他的爱却是永远不会变的。

●不要破坏父亲在孩子心中的形象

离异后，单亲妈妈不能在孩子面前一味地诋毁父亲的形象，让孩子的心里充满仇恨。在每一个孩子心中，都幻想有一个好父亲，有一个高大而又威武的父亲，就算不在一起生活了，但是这种观点和想法却是没有改变。如果单亲妈妈在孩子面前过度诋毁父亲形象的话，会让孩子因为有这么一个糟糕的父亲而产生自卑的心理。

●不要阻挡孩子与父亲的交流

父亲在教育孩子的过程中，扮演着很重要的角色。孩子的聪明、勇敢、果断大都来自父亲的教育。所以，双方离异之后，单亲妈妈可以适当地让孩子和父亲居住，把对孩子的伤害降到最低。

单亲妈妈因为感情和生活上的双重压力，很容易产生不良的负面情绪。而当这些负面情绪加到孩子身上的时候，将不利于孩子的成长。所以，不要将自己所受的委屈映射给孩子，应该给孩子一个健康阳光的成长环境，这对孩子的将来是大有裨益的！

喂养——给你一个健康的宝宝 

母亲对孩子有着很大的责任，如果母亲错过了哺育的机会，那么将来肯定会追悔莫及。

——斯托夫人

阅读时间：25分钟　　受益指数：★★★★

母乳——孩子最好的食物

母亲的健康影响着孩子的成长。育儿专家曾经指出，孩子的身体健康在很大程度上取决于母体提供的营养，而母体的营养则是来源于她日常所食用的食物。只有母亲真正了解了食物的营养搭配，才能保证她所生下的孩子是健康的。所以，斯托夫人建议，母亲在怀孕的时候，一定要注意自身营养的搭配，要像对待生命一样对待自己的饮食。

故事的天空

小梦在哺乳期间，都没有放弃对红茶的喜爱，每天一顿下午茶成了她多年的习惯。有一次，小梦像往常一样带着自己2个月的儿子来到了熟悉的茶馆，要了一杯很浓的红茶。因为茶馆里面已没有多余的位置，于是她便和一位前来饮茶的中年人一起拼桌。

这位中年人看了看小梦的宝宝，对她说道："你的宝宝现在这么小，你如果过多地饮用很浓的红茶，对宝宝的成长将会非常不好。我奉劝你还是注意一点吧。"

小梦看了看这位"多管闲事"的中年人，说道："我喝什么关你什么事儿？我宝宝白白胖胖的，你别诅咒他。"

这位中年人看小梦是个不可理喻的人，于是便拿起自己的手包走了，临走之前，还对小梦说道："年轻人，还是听一句劝吧，我是过来人，每天喝这么浓的红茶，会给宝宝带来很大伤害的。到时候，后悔可就晚了。"

小梦并没有将这位中年人的话放在心里，每天还是照样坐在茶馆里面喝红茶。等到小梦的宝宝3个月的时候，身体突然变得异常虚弱，一点儿精神都没有，她这才想到了那位中年人的忠告，真的是后悔莫及啊。原来，红茶中含有一些不利于婴儿成长的成分，小梦每天定时饮用很浓的红茶，这种成分会随着乳汁进入宝宝的体内，让他日渐疲倦。在这种情况下，宝宝的身体自然也就不会好了。

宋姐爱心课堂

哺乳期，是孩子最为关键的时刻，对于日常摄取的食物也有着很严格的要求。小梦正是因为没有注意自己的日常饮食，而对宝宝的身体健康造成了很不好的影响。所以，对于母亲来说，应该要知道哪些食物对自己和孩子是有益的，哪些食物对自己和孩子是有害的。

不管是大人还是孩子，健康都是尤为重要的。所以，作为母亲，有责任也有义务从孩子的健康出发，选择健康的食物，合理膳食。

孩子出生后，母乳便是世界上最好的婴儿食品。但是有很多母亲为了保持自己的身材，而拒绝母乳喂养，这是很不负责任的做法。

研究表明，母乳喂养能够大大促进孩子的成长发育，母乳中含有比较适合孩子生长的蛋白质，有利于孩子的消化和吸收，而这些对于孩子的大脑发育也有着重要的作用。所以，对新妈妈来说，为了宝宝的健康成长，应该对其进行母乳喂养，而在哺乳期间，也要严格控制自己的饮食，戒除不良习惯，给孩子最好的乳汁。

斯托夫人支招DIY

为了供给孩子最好的母乳，妈妈该怎么做呢？斯托夫人给了以下建议。

●远离有害食物

除却红茶、咖啡等饮品之外，腌制、油炸和熏制的食品也含有很多对人体有害的物质，孕妈妈一定要远离，禁忌食用这些食品。此外，土豆中有大量的生物碱，存放的时间越长，生物碱的含量也就越高。孕妈妈如果大量食用土豆，也会对胎儿的发育造成不利的影响，严重者还会造成胎儿畸形。

●控制有益的食物

有害的物质孕妈妈要远离，而对身体有益的物质孕妈妈也应该适当地控制，例如甜食。孕妈妈如果过量服用甜食，那么就会增加胎儿的负担，让其在出生之后患上各种疾病。

●给宝宝喂养时，要满足孩子的基本要求

当婴儿感到饥饿的时候，他就会哇哇大哭，以此表明自己饿了。可是，宝宝喝到第一口乳汁的时候，还是啼哭不已。这个时候，母亲便不能急着为其哺乳，而是要耐心仔细地暗示宝宝自己去吮吸乳汁，充分利用宝宝的这种本能，引导他去吮吸母乳。这样，只要让宝宝吮吸几次，他就会安静下来，母亲也就可以放心进行哺育了。

●不要使用过浓的化妆品

此外，在母亲哺乳期间，除了定时喂养婴儿外，母亲自身也要严格要求自己，不要使用过浓的化妆品。因为婴儿的嗅觉十分灵敏，化妆品的味道很容易给宝宝带来错觉，以为面前的这个人不是自己的妈妈，从而拒绝接受哺育。所以，为了宝宝的健康，母亲在喂养期间不适宜使用化妆品，以防给喂养工作带来困难。

斯托夫人小语

世界上最适合婴儿的食物便是母乳，这是任何食物都无法代替的。那么这就要求母亲在哺乳期间，一定要认真对待孩子的喂养问题，给孩子补充他最需要的营养，孩子的需求得到了满足，自然就会健康地成长。

父母在教育孩子的时候，应该寻求一些科学有用的方法，让孩子认识到自己的错误，从而养成正确的人生观，能够健康茁壮地成长。

——斯托夫人

阅读时间：25分钟　　受益指数：★★★★

不要用食物来奖惩孩子

生活中，大部分的父母都担心孩子吃得太少、太多等，所以每当吃饭的时候，他们就会想出百般方法逼着孩子“这样做，那样做”，却从来不问孩子自己的意见和需求，最后致使孩子把吃饭当成一种负担。这样一来，不仅影响了孩子的进食，还给父母带来了很多不必要的麻烦。

故事的天空

小南的表妹有一个儿子，名叫乐乐，长得虎头虎脑，很是可爱。可是没两年，乐乐却得了厌食症，这让小南很是惊讶。等他再看到乐乐的时候，原本可爱的小男孩瘦得像根柴一样，毫无生气。

为了弄明白乐乐厌食的原因，小南特地向表妹询问了一些情况。原来，小南的表妹为了让乐乐听话，经常不让小乐乐吃饭，以此作为惩罚。

有一次，乐乐玩到天黑才进家，已经错过了吃晚饭的时间。可是乐乐在外面玩了那么长时间，早就已经饿坏了，于是他急匆匆地跑进厨房，想要找点东西吃。这个时候，小南的表妹出来了。

“乐乐，你要干什么？”乐乐妈妈很严厉地问。

“妈妈，我现在很饿，想找点吃的。”乐乐老老实实地回答。

“这么晚才回来，还想着吃？我早就说过，如果你不准时回家，晚饭也就不用吃了。”说着，还把小乐乐关进了屋子里，不让他出来。

后来，乐乐告诉小南，第二天早上，妈妈给他送来了牛奶和点心，但是那个时候，他早就已经饿过头了，已经不愿意再吃东西了。

长此以往，乐乐的好胃口就消失了，每天只吃一点东西，有时候还什么都不想吃。小南问乐乐为什么不愿意吃东西，乐乐说他做过一个梦，梦到了很多美食，可是刚要吃的时候，妈妈突然出现了，还牵着一条大狼狗。乐乐很是害怕，此后，他都不敢去吃东西，最后也就不想吃东西了。

小南听后，对他的表妹说：“就算孩子不听话，也不能把不让吃饭当作惩罚方式。他只是一个孩子，你的这种做法对他的健康会造成很大的伤害。教育孩子，应该选用科学的方法，这样才会真正达到教育的目的。”

后来，为了治好乐乐的厌食症，小南和他表妹还带乐乐看了心理医生，几经努力后，乐乐才又恢复了健康。

宋姐爱心课堂

每个人都会犯错误，孩子更是在所难免。但是，不管孩子犯下了什么样的错误，家长都应该选择合适的方式来教育他，而用食物惩罚孩子绝对不是聪明父母的做法。故事中的小南表妹便是选用了这种愚蠢的教育方法，从而使得小乐乐最后得了厌食症，甚至造成了心理问题，这对于乐乐的发展很是不利。

当孩子取得一点好成绩的时候，如果父母用可口的食物作为奖励，那么在孩子心中就会把吃喝作为自己的目标，进而使得孩子养成自私、狭隘的性格；当孩子犯错误的时候，家长以不让他吃饭的形式来惩罚他，那么这会让孩子认为家长并不是真的爱他，时间久了，孩子的性格也会变得比较阴郁。如果让孩子形成了这种消极的性格，那么就会给他的成长造成不利的影响。

这种例子很普遍。而在斯托夫人看来，食物只是维持孩子生命的一个基础，并不能将它作为奖惩孩子的工具。虽然小孩子会因为可口的食物而暂时听从父母的管教，但是这种做法也只是治标不治本。

斯托夫人支招DIY

用食物奖惩孩子，很容易引起孩子厌食、偏食的情绪，最后不利于孩子的健康成长，甚至还会引起心理疾病。

● 扔掉食物奖惩的怪圈

孩子如果表现好的话，那么他在学校自然就会得到老师和同学的赞赏，这已经对他起到了很大的鼓舞作用，如果这个时候，父母拿食物作为奖励的话，不仅是画蛇添足，还有可能会起到反作用。

● 累积奖励

其实，孩子不听话是很正常的事情，父母在面对这种问题时，可以选用这种方法：当孩子表现好的时候，可以奖励给孩子一朵小红花，贴在他的房间或者床头上，等到小红花积攒到一定数量的时候，父母便可以答应孩子一个现实要求，比如出去旅游等，否则就摘除他一朵小红花，以此表示惩戒。

● 不要用孩子喜欢的食物逼迫孩子接受另一种食物

很多父母为了让孩子合理进食，总会选用这种方式让孩子进餐。

其实这种食物“交换”的方法，是错误的。这只会增强孩子对喜欢的食物的渴望，从而对不喜欢的食物更加反感，最后给孩子的心理带来了不可磨灭的阴影，使得孩子进餐不快乐，致使体内营养严重不平衡，从而引发各种健康问题。

斯托夫人小语

父母不能把吃饭当成孩子的义务，更没有必要把食物当成奖惩孩子的工具。父母应该在孩子吃饭的时候，努力给孩子营造一种轻松活跃的气氛，让孩子更加舒适自由地进餐。

孩子的饮食习惯在很大程度上取决于母亲的影响，所以作为母亲，一定要养成良好的饮食习惯，不能根据自己的喜好制定食物菜单，只有这样才能够让孩子养成不挑食的好习惯。

——斯托夫人

阅读时间：25分钟　　受益指数：★★★★★

帮助孩子改掉挑食的毛病

爱挑食是孩子们的一个共性，但不能因为孩子挑食，就不注重补充营养。那么，妈妈如何才能瞒过孩子敏锐的味觉，让孩子把自己不爱吃却有营养的食物吃下去呢？

故事的天空

有一天，多多和琪琪的爸妈给他们做了一顿很丰盛的晚餐：红烧排骨、清蒸鱼、凉拌芹菜、炒青菜等。想着要好好给两个宝贝补充营养。

多多和琪琪来到餐桌前，多多喜欢吃肉，他就一直捡着肉吃；琪琪喜欢吃蔬菜，所以她光吃蔬菜，不吃一点荤腥。妈妈问多多：“多多，光顾着吃肉，为什么不吃蔬菜啊？”“蔬菜可没有肉好吃，再说蔬菜里面有很多茎，根本就咬不动。”妈妈又问琪琪：“那你为什么光吃蔬菜呢？”“鱼肉有刺，猪肉塞牙。”

妈妈继续说道：“肉里面含有丰富的蛋白质，多吃点肉能够让身体更健康，远离疾病；而蔬菜里面含有丰富的纤维素，你们吃了能够排除体内的毒素。多多和琪琪不喜欢吃大块的，那么以后妈妈每天给你们切小一点，这样宝贝就不会塞牙、咬不动了。”

多多和琪琪嘟着小嘴说道：“可是妈妈，我们还是不喜欢吃。”多多的爸爸说道：“你们现在这样吃饭哪能香啊，像当初我们吃饭的时候，都会边抢边说‘我爱吃、我爱吃……’，身体长得可快了！”

“真的吗？”多多和琪琪眨着眼睛。爸爸随后又说道：“当然，要不要和爸爸一起玩个游戏啊？”“什么游戏？”孩子急切地问。“我们比赛吃饭，谁吃得多就奖励谁一个红五角星！”

爸爸说着从厨房里拿来了四个小盘子，他把小盘子分给每一个人，然后每个人分了一份肉类和蔬菜。“好了，现在可以比赛了，看谁先吃完自己的那份菜，谁就赢了。”爸爸还没说开始呢，多多和琪琪就挥起筷子埋头大吃起来，他们吃得飞快，都想得第一，得一个大大的红五角星。

多多、琪琪同时第一个吃完，妈妈第二个吃完，爸爸最后一个吃完。多多、琪琪都得了一个大大的红五角星，妈妈得了一个小五角星，爸爸一个也没有得到。爸爸不服气地说：“孩子们，这次爸爸输了，我们继续比赛，爸爸一定要赢一个大大的红五角星。”用这种方式，多多和琪琪挑食的毛病竟然慢慢改掉了。

宋姐爱心课堂

妈妈不想让挑食的孩子缺少营养，就要多动动脑筋。比如将孩子不爱吃的食物切碎煮烂，隐藏在孩子爱吃的煎猪排、肉丸子等食物中。一般小孩子都不爱吃蔬菜，但是，蔬菜中却含有丰富的维生素和矿物质，也是人身体中不可或缺的营养物质。

多多和琪琪不喜欢蔬菜或肉类的原因无非是不易嚼烂、塞牙等，而他们的妈妈便将蔬菜尽可能做得细腻点，把肉切小一点。而多多的父亲则是用比赛的方式促使孩子吃饭，这两者都是值得我们学习的。

但是，孩子长期不吃青菜，容易引起便秘、维生素缺失等，影响孩子的健康和智力发育。

在吃饭前，妈妈可以和孩子说说各种菜的营养价值，以及对身体发育的作用。要让孩子容易听懂，抓住孩子爱聪明、喜欢漂亮的心理，灌输多吃蔬菜会让其变得更聪明、更漂亮的意识。对于那些不愿吃菜的孩子，妈妈可先让他喝菜汤，适应之后逐渐加菜，但是要少盛多添。

妈妈对孩子的进步要及时给予鼓励，增强孩子的自信心。每餐以某一种青菜为故事主角，给孩子讲故事，激起孩子对蔬菜的兴趣和喜爱。每天的一日三餐要定时，并且多让孩子参加体育锻炼。这样，孩子才有食欲，才愿吃菜。

斯托夫人支招DIY

作为家长都知道，孩子如果挑食就会造成营养不良，就会影响孩子的生长发育。斯托夫人建议，要想给孩子一个健康的身体，就要从小培养孩子不挑食的习惯，帮助孩子改掉挑食的毛病。

●利用游戏帮助孩子改掉挑食的坏习惯

只有满足孩子心理上的需求，他们才愿意接受，仅凭老师和家长一味地说教对孩子起不到太大的作用。斯托夫人认为，家长应该通过情景游戏、游戏比赛、创编游戏、讲故事等方式让孩子了解挑食对孩子的危害，让孩子自然而然地改掉挑食的坏毛病。

●利用环境帮助孩子改掉挑食的坏习惯

幼儿园是家庭与社会连接的纽带。给孩子创造一个轻松愉快的就餐环境，能够促进消化腺分泌，提高食欲，同时体验集体生活的快乐。为此，孩子在幼儿园的时候，老师应该和孩子一同进餐，营造一个温馨的大家庭的氛围，这正是帮助孩子纠正挑食习惯的大好时机。

●不强迫孩子吃不喜欢的

对于孩子不愿意吃的蔬菜，妈妈不要强迫他吃，不然会搞得孩子边吃边哭。一旦养成了一吃饭就哭的坏习惯，对孩子的身心健康会产生不利的影响。

斯托夫人小语

要想帮助孩子改掉挑食的坏毛病，妈妈可以在做菜的时候下点功夫，注意烹饪技术和方法，并且依据孩子的年龄特征，逐步鼓励孩子尝试吃青菜。如果孩子不愿意食用某一种菜品的时候，家长也不应该强迫孩子吃。

鼓励孩子独立进食，让孩子明白食物的重要性，享受食物所带来的快乐，这是孩子能够轻松完成的一件事。

——斯托夫人

阅读时间：25分钟　　受益指数：★★★

培养孩子正确、健康的饮食习惯

只要给孩子足够的食物，那么他就不会挨饿。这并不是对孩子的漠视，而是适用于孩子的一种方法。在孩子不挑食、不贪吃的情况下，父母应该让孩子选择其喜爱的食物，或者将他喜欢的食物放在一起吃，父母最好不要多加干涉，让孩子在一个轻松愉快的氛围下进食。

故事的天空

小菲在喂养女儿方面可是很有一套。女儿3个月大的时候，她便开始试着喂女儿一些果汁和菜汁，例如西红柿汁、胡萝卜汁、橙子汁、菠菜汁等。等女儿5个月左右的时候，小菲便喂她一些苹果泥、香蕉泥、蛋黄泥、胡萝卜泥、土豆泥等。7～12个月，便试着给女儿吃一点牛肉末、青菜末、鱼肉糊、骨头汤和鸡汤等。等她女儿到了一岁的时候，小菲便给女儿断了奶。

断奶初期，小菲主要用

牛奶喂女儿，并且还会给她添加一些辅助食物，比如蛋羹、果菜等。这一时期的孩子，所需的营养主要来自于饮食，所以父母应该多加注重饮食的营养搭配。

女儿2岁的时候，小菲在女儿的食物中又添加了肉、鱼、菜、蛋、豆制品，与此同时还会让女儿吃一些面包、薯类等食物。因孩子对食物要求比较挑剔，所以蔬菜等食物，应该尽可能地做得纤细一点，方便孩子食用。

3岁，是孩子补充营养的重要阶段，特别是基础营养，不容忽视。当脂肪摄入量不够的时候，父母就应该选用适量的糖类来补充，但是孩子吃太多的糖类又会损害牙齿，所以父母应该注意控制孩子的摄取量。

3岁之后，小菲便开始培养女儿的饮食规律，为了给女儿补充全面的营养，小菲一般都会在吃饭之前添加一些辅助食品。

女儿5岁的时候，牙已经全部长出来了，而她的饮食要求也就需要和成人一般对待。所以，小菲便让女儿尝试各种食物，当然除去刺激性比较强的食物外。在喂养女儿的问题上，小菲可谓是费尽了心思，时刻注意营养搭配和女儿的饮食习惯，取得的效果也不错。

宋姐爱心课堂

小菲根据自己女儿的年龄，合理安排女儿的食物，在小菲的这种科学喂养下，效果也是非常明显的，这是值得每位父母学习的。

父母本身的饮食习惯对孩子有很重要的影响，不要因为担心孩子三餐之间会饿，就让孩子吃零食，也不要把汽水、巧克力、糖果当作正餐。在日常情况下，母亲应该把五大营养素搭配主副食，多变化一些样式刺激孩子的食欲，才能够达到均衡营养的目的。

每一种营养的缺失都会降低孩子神经传递信息的水平，并且会对孩子造成不好的负面影响，致使孩子的精神失常或者身体失调，这个时候，就需要父母通过饮食调节来纠正。

科学的饮食安排能够为大脑提供所需要的营养，提高孩子的智力，帮助孩子更好地发展智力，这是一个非常重要的起步过程。

斯托夫人说，她女儿维尼夫雷特出生后，她都会仔细观察女儿的一举一动。因为小孩子成长得很快，所以在她看来，婴儿时期的营养搭配要重于任何一个年龄段。

斯托夫人支招DIY

孩子吃饭的时候说话也是难以避免的事情，除非孩子做得太过，否则父母不应该多加阻拦。

●吃饭的时候可以让孩子适量说话

孩子在吃饭的时候喜欢喋喋不休，有时还会手舞足蹈，这样一来，不仅影响了孩子的进食速度，还分散了孩子对食物的注意力，时间长了之后，便会对孩子的身心发展带来不利的影响，造成一些不好的后果。

所以，当孩子出现上述这种情况比较严重时，父母应该适时地制止，并且加以引导，但是不能以呵斥的方式，否则不仅不会起到好的作用，还有可能因为你的呵斥而影响了孩子的食欲。

在吃饭的时候，孩子可以适量地说话，如果父母强令制止孩子，那么就会使得吃饭的氛围变得异常沉重，影响孩子的表达能力。

●注意调节孩子的食欲

对于每个人来说，食欲是十分重要的。父母应该学会调节和控制孩子的食欲，更好地辅助孩子进食，促进孩子的生长发育。虽然说孩子食欲好是一件很不错的事情，但是如果食欲太强的话也不利于孩子的健康。所以，要想让孩子健康地长大，父母就一定要学会调理和控制好孩子的饮食。

当孩子无法抵御美食的诱惑时，父母就应该想个办法分散孩子的注意力，降低美食对孩子的诱惑力，帮助孩子渡过这个美食难关。此外，吃本是人的天性，孩子偶尔馋嘴也是不可避免的事情，关键就在于父母的引导。

●选择合适的饮食方式

在喂养孩子方面，父母应该根据其年龄、体质等方面，来选择适合孩子的饮食方式，然后再经过适度控制、引导，帮助孩子树立健康正确的饮食观念。只有这样，孩子才能够合理进食，健康成长。

斯托夫人小语

要想培养孩子正确、健康的饮食习惯，父母的引导是极为重要的。而合理健康的饮食则是聪明父母的最佳选择，能够有效地促进孩子的健康成长，扫除一些不必要的消极影响。

爸妈私房话

第二章

培养和发现宝宝的才能

每个父母都希望自己的宝宝是个天才儿童，其实如果仔细观察就会发现每个孩子都有自己的特长。然而父母们总是不能发现孩子身上的这些闪光点。无论是遗传还是生理方面，所有孩子都有自己成功的领域，所以只要父母付出足够的耐心和细心，就能挖掘宝宝的潜力。

宝宝的能力训练 

父母要教孩子举一反三，通过某个具体的例子，对身边的事情加以总结，在以后的生活中多思考与借鉴。

——斯托夫人

阅读时间：30分钟　　受益指数：★★★★

训练宝宝的辨别能力

我们生活的世界千变万化，许多东西与真理都隐藏在事物的背后。孩子明辨是非的能力还不成熟，对一件事物并不能够做出正确的判断。培养孩子的辨别能力，对于孩子的成长有着不容忽视的重要作用。

故事的天空

有一天，妈妈在给儿子讲一个小故事。

从前，有一位善良的老婆婆，她连路边的蚂蚁都不忍心伤害，她会为了一只鸟儿的死去而难过好几天。

有一天，老婆婆在回家的途中，捡到了一只受伤的黄鼠狼，黄鼠狼的右腿受了很严重的伤，鲜血直往外流。老婆婆看到后，一时心软，便将黄鼠狼带回了家。

没过几天，黄鼠狼在老婆婆的精心照顾下，腿伤就好得差不多了。可是这个黄鼠狼最后却吃掉了老婆婆家里的鸡。

看着地上残留的鸡毛，老婆婆真的生气极了。她拿着棍子，将黄鼠狼赶走了，并且发誓从此再也不救这种忘恩负义的家伙了。

儿子：哼！妈妈，黄鼠狼可真是恩将仇报啊。

妈妈：呵呵，宝贝你可真厉害，你知道黄鼠狼是恩将仇报啊。那么，在你心中，老婆婆是个什么样的人呢？

儿子：老婆婆心地很善良，正是因为她的善良才救了这个受伤的黄鼠狼。

妈妈：那么，最后老婆婆得到黄鼠狼的报答了吗？

儿子：黄鼠狼不仅没有感谢老婆婆，还把老婆婆心爱的鸡给吃了，哎，老婆婆就不应该救它的。

妈妈：老婆婆都不忍心踩死一只蚂蚁，看到受伤的黄鼠狼，她怎么可能坐视不管呢？

儿子：那老婆婆也应该分辨是非啊，看看这个人值不值得自己救，看看他是好人还是坏人。

妈妈：宝贝说得没错！不管你多么善良，在搭救一个人的时候，一定要辨别真相，知道对方的好坏，也要判断出这是不是骗局，然后才能决定是否去救助。

儿子：嗯，凡事应该多想一想。

妈妈：没错。一个长得漂亮，看起来也很温和的人，并不一定是好人；一个长相丑陋、性格粗犷的人，也不一定是坏人。人是一种很复杂的动物，宝贝应该好好分辨才是。遇到事情不要惊慌，应该多动脑筋。

儿子：妈妈，我知道了。我在做事情之前，一定会好好思考的，分辨其中的是非，免得最后落得个好心没好报的下场。

妈妈：儿子，你真是太聪明了。这就是“害人之心不可有，防人之心不可无”。虽然世界上的好人居多，但是也不乏一些伪君子充斥其中。所以儿子，你应该趁早学会辨别是非的能力，用自己的聪明才智，保护自己。

宋姐爱心课堂

在日常生活中，父母应该注意提高孩子的辨别能力。比如，教会孩子如何分辨好人与坏人，如何判断正确与错误。上文中的妈妈便是通过讲故事的方式，让儿子知道老婆婆和黄鼠狼之间，谁是善良的，谁又是恩将仇报的，进而也告诉孩子“害人之心不可有，防人之心不可无”的道理。

所以，父母应该从小培养孩子辨别事物的基本能力，这样会有助于孩子在以后的成长道路上，拥有自己独特的分析能力与判断能力。

随着孩子年龄的不断增长，他们的生活环境也会慢慢发生变化，从家庭到学校，再到社会，孩子们能接触到的信息越来越多。社会上一些假恶丑的东西难免也会随之进入孩子的世界。很多父母都为此感到担心，害怕孩子会受到不良的影响。其实，父母这样的担心是完全可以理解的。那么，这就需要父母教会孩子分析事物的能力，也就是注意培养孩子的辨别能力。

很多时候，孩子的想法与大人存在着明显的差异，父母不能总是用大人的视角与标准来判断孩子。实际上，在孩子向父母提出一些社会阴暗面的问题时，他们往往都是出于探索过程中的好奇，父母完全没有必要给自己的孩子贴上什么不好的标签，对孩子大加批评与指责。

当然了，这并不等于在遇到这些问题的时候，父母们就撒手不管了。因为毕竟孩子分析事物的经验不足，他们的理性辨别能力还是非常有限的，如果父母不能及时地对孩子加以引导，就有可能让孩子误入歧途。

所以，父母要尊重孩子成长的心理特点，在理解孩子的基础上引导孩子正确认识自己周围的人和事，用你们的智慧与理智，去教育孩子，而不是简单地对孩子探索中的疑问给予否定，扼杀孩子探索世界的热情与勇气。

斯托夫人支招DIY

在丰富孩子知识的同时，培养其辨别能力，对于提高孩子心理水平与认知能力有着重要的意义。那么，父母具体应该如何做呢？斯托夫人给出了以下几点建议。

●循序渐进培养孩子的辨别能力

对于孩子辨别能力的培养，也是一个循序渐进的过程，因为这种能力相对来说比较抽象，而且是一种很灵活的能力，所以，父母可以采用一些逐步渗透的方法，先从意识上进行培养。比如，孩子在幼年时期，还没有形成标准的道德判断能力，也不懂得有意识地去做出什么道德行为。孩子的道德行为和道德判断，是在掌握语言之后慢慢产生的。

●正确面对孩子的各种行为

在日常生活中，当孩子做出一些良好行为的时候，父母应该用赞赏与愉快的表情回应孩子，与此同时，用“很好”“不错”等积极的词汇给予孩子精神上的奖励。而当孩子做出一些不良行为的时候，父母也不应该用不满意或者不愉快的表情看着孩子，可以用“不好”“不对”等简单易懂的词语对孩子做出指导，但必须避免尖酸刻薄。经过反复训练，孩子慢慢就会形成一定的道德习惯，在遇到类似的情况时，就能够做出正确的判断了。

●让宝宝学会自己比较和辨别

只有孩子在潜意识中有了辨别是非对错的标准，才能够进一步培养他们正确的辨别能力。对孩子来说，父母的教育再多再好，也只是外因，只有通过孩子的内因才能够起到作用。所以，父母要培养孩子辨别是非的能力，就必须注意引导孩子学会自己进行比较与辨别。在与孩子交流的时候，父母不妨多举一些生活中正确和错误的例子，鼓励孩子去判断什么是对的，什么是错的。

●父母要有明确的态度

宝宝们在生活中常常会遇到很多的是非问题，父母们应该细心观察，把握机会去引导孩子辨别事物。比如和孩子一起看电视时，剧中人说了一句脏话，父母就要及时对孩子指出，这样说不对；当孩子向父母提出不合理或者办不到的要求时，父母要明确地对孩子的行为表示否定。相反，对于孩子的正确意见和行为，父母就要用点头、微笑等来对孩子表示肯定。

斯托夫人小语

斯托夫人认为，父母应该告诉孩子，在很短的时间内，正确判断一个人是非常困难的，不是因为我们看错了，而是因为对那个人的了解还不够，还没有收集完那些关于他们的有效信息，这就很容易诱导我们得出错误的判断结果。

不知道父母们有没有听过这样一句话："如果你不教宝宝金钱的知识，将会有其他人取代你。"可见，从小培养宝宝的经济能力，已经变得越来越重要。

——斯托夫人

阅读时间：25分钟　　受益指数：★★★

培养宝宝的经济能力

在现实生活中，很多父母都觉得不应该与孩子讲太多关于钱的事情，因为他们还很小，还非常单纯。其实不是这样的，我们生活在一个经济社会中，理财能力早已经成为生活中必须具备的一种技能。倘若父母真正明白这一点，就会发现：我们培养孩子经济能力的目的，绝不是想让他们从小就变成一个小财迷，而是要让他们正确地认识金钱，并且懂得怎样运用金钱。

故事的天空

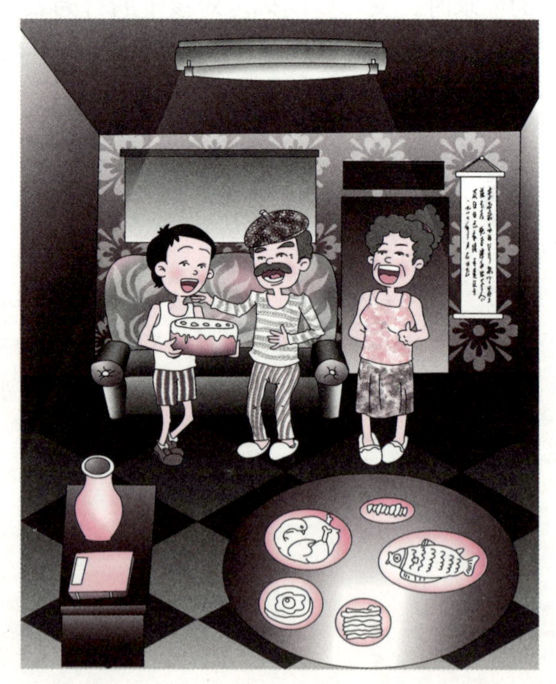

小时候，爸爸妈妈给强强的零用钱很少。强强总是说自己的零花钱还没有他同学的一半多。于是，他就问妈妈，到底怎么样才能够得到更多的零花钱。

妈妈说："儿子，你可以用你的劳动去赚取。"

强强说："用劳动赚取？可是我该怎么办呢？别人肯定会因为我年龄小，而不雇用我的。"

妈妈告诉他："这个很简单，你可以做一些力所能及的家务活，到时候妈妈就会付给你劳动报酬。"

所以，到了强强4岁的时候，他为家里刷一次碗便可以挣到五角钱。

强强5岁时，有一天他对妈妈说："妈妈，你再给我一点儿家务活吧，我想多赚一点儿钱。"妈妈说："行，那你去把玻璃擦了吧，小时工阿姨不愿意擦玻璃。"

强强说："那妈妈你能给我和小时工阿姨同样的报酬吗？"妈妈说："当然可以，小时工阿姨是一个小时七元钱，到时候妈妈也给你七元钱。"强强认真地擦完玻璃，擦完后妈妈当即付给他报酬，拿着自己挣来的钱，他非常得意。

不仅如此，家里的废品从来都是强强处理的，收入归他，这是强强的一个勤工俭学项目。这也使得强强从小就养成了不怕脏不怕累的精神。

等到强强6岁的时候，强强已经会用自己赚来的钱给外公外婆挑选礼物了，俨然一副小大人的模样，左邻右舍见了无不夸赞强强的妈妈教子有方。

宋姐爱心课堂

很少有父母会让孩子用做家务活的方法来换取零用钱，这也是很多孩子对金钱缺乏认知的主要原因。强强的父母便意识到了这一点，注重培养孩子的经济能力，让强强从小就懂得只有劳动才能换取报酬的道理。

家长想让孩子知道金钱是劳动换来的报酬，最好的方法就是让孩子亲自体验一下劳动挣钱的滋味。但是，因为孩子还太小不可能外出工作，所以家长可以付钱请孩子做额外的工作，比如，种植植物、给鱼缸换水等。父母可以通过这样的方式，让孩子获得第一次工作经验，明白金钱的来之不易。

教孩子赚钱是理财教育的关键。家长应该让孩子懂得，钱应该是通过劳动换来的，而不是伸手要来的。与此同时，家长还要让孩子明白有尽义务的劳动，也有能取得报酬的劳动。

但是，家长在为孩子挑选家务活的时候应该特别注意，家务中有很多不安全的成分，比如，接触电源、开水等，不要让太小的孩子去做。建议家长应该让孩子帮着做安全的家务活儿，比如，扫地、擦桌子、倒垃圾、拿报纸、取牛奶、整理鞋子、叠被子、擦皮鞋、洗碗、洗手帕袜子类的小东西、择菜等。

在做的过程中，家长要先教孩子怎么做，再带着孩子一起做。碰到周末大扫除、换季大清理时，家长和孩子一起来做，做家务中，家长可以和孩子一边做一边讲有趣的事情，不仅打扫了卫生，还增进了父子母子间的感情。

斯托夫人支招DIY

如何培养孩子的经济能力，是家长们都很关心的问题，那么，家长具体应该怎么做呢？斯托夫人建议家长这样做：

●帮助孩子认识钱

通常来讲，孩子在学龄前就应该掌握一些基本的概念，比如，数字的概念、钱币的种类与金额以及商品买卖的概念等。孩子的思维十分简单，通常很难理解抽象的概念，不过，他们对具体的东西却是很感兴趣的。所以，家长在日常生活中可以教宝宝认识钱，让孩子知道钱是来之不易的，并且学会如何去安排使用自己的钱。

●孩子的消费计划

培养孩子的经济能力，就是要教会孩子有计划地安排零用钱的开支，在买东西的时候能做出正确的取舍。等到孩子大一点，也就是五六岁的时候，已经对“钱”有了概念，父母就可以教他自己计划每周的开销。父母在指导孩子进行正当、合理的消费时，最好先教会孩子存钱。同时，父母要为孩子提供一些“赚钱”的机会，比如让孩子帮父母做一些他能力范围内的家务，然后给予一定的报酬，同时一定要记得给孩子讲解钱与劳动的关系。

●培养孩子理智消费

大多数的家长都知道，很多孩子现在的消费能力是非常惊人的。他们经常向父母要钱去买一些小玩具，但是没玩几天就弄坏或者扔掉了。对于这种现象，父母们就要注意培养孩子理智消费，让孩子有自己管理零花钱的机会，并且告诉孩子一些基本的消费原则。比如，孩子要买东西，家长可以询问孩子购买的理由；让孩子学会自己记账等。时间长了，孩子就会逐渐学会思考，并且养成理智消费的好习惯。

斯托夫人小语

教导孩子“金钱”知识，绝对不是经济学里那些令人头痛的“概念”“术语”或“研究报告”，而是孩子日常生活中看得见、摸得到的实体。经济能力的培养并不是抽象的理论，而是通过实际生活体验得到的“体验教育”和“生活教育”，所以我们需要转变观念。只有转变观念，才能清楚该教孩子什么内容。

父母要养成定期检查环境安全的习惯，同时，帮助孩子认识安全的时候，要用积极提醒的方式，而不是采取消极的方式去吓唬宝宝。

——斯托夫人

阅读时间：30分钟　　受益指数：★★★★★

拥有自我保护能力

天下的父母都希望永远将孩子保护在自己的身边，不让他受到任何伤害。然而，过度的保护对孩子而言却不一定是好事情。等到父母不在身边的时候，孩子就不知道该怎样去应付危险的状况了。因此，增强孩子的自我保护能力，对于孩子的健康成长是非常重要的。

故事的天空

小齐的妈妈在小齐很小的时候便注重培养小齐的自我保护能力。

有一天中午，小齐的妈妈刚要睡午觉，就听见4岁的小齐大声地喊道："失火了，妈妈，失火了。"妈妈被小齐的喊声吓到了，连忙跑到窗口查看，原来是前方不远处的一个大垃圾箱着火了。妈妈看着小齐紧张的样子，低身问道："宝贝，你怎么判断是着火了呢？"或许小齐被突如其来的状况吓坏了，他并没有回答妈妈的话。

不过，这也让小齐的妈妈很是高兴。小齐之所以有这样的反应，完全是他已经具备了初步的自我保护意识。于是，小齐的妈妈蹲下身子问道："宝贝，现在着火了，我们该怎么办呢？"小齐紧张地说："妈妈，我们快去找消防叔叔。"妈妈继续问道："那么消防叔叔的电话是多少呢？"小齐说了几个号码，就是没有119。

于是，小齐的妈妈继续说道："宝贝，找消防叔叔是对的，消防叔叔的电话是119，并不是120或者110！"接着，妈妈还给小齐讲解了很多引发火灾的原因，比如乱扔烟头、私自燃放爆竹、不合理用电、玩火等。

虽然小齐还不能完全理解妈妈话中的意思，但是经过这场大火的"刺激"，4岁的小齐可是记住了不少的火灾知识，后来在一次幼儿园火灾逃生演习中，小齐因为表现出色，还得到了大家的表扬和嘉奖。

宋姐爱心课堂

小孩子的防范意识和保护意识比较差，这就需要父母及时地教育，及时灌输安全知识，小齐的妈妈便根据垃圾箱着火的事件，让小齐了解了火灾，并且知道了火灾逃生知识，这是至关重要的。

在现实生活中，在孩子周围存在着或多或少的不安全因素，孩子的生理、心理还没有发育完善，缺乏自我保护的意识，在遇到危险的时候，很容易会伤害到自己，所以培养孩子的自我保护能力刻不容缓。

每个孩子都有自己的活动领域，在这个领域中，包括安全与健康的生活方式以及各种各样的自我保护技能。自我保护能力，是宝宝成长过程中必须掌握的能力之一。只有具备了一定的自我保护能力，孩子才可以冷静坚强地去面对成长道路上所遇到的各种困难，才能够磨炼出独立解决问题、独立生存的过硬本领。

培养孩子的自我保护能力，要从生活中的点滴做起。首先需要帮助孩子认识到危险的存在，这时，父母可以通过让孩子亲身体验来认识危险。比如，在水烧开时，让孩子触摸一下壶盖，孩子在感受到烫后会很快缩回自己的小手。这时，父母就要不失时机地告诉他，开水壶会烫伤自己，所以必须要远离它。

斯托夫人支招DIY

自我保护能力是一个人在社会发展中所必须具备的最基本的能力之一。那么，到底该怎样有效地培养孩子的自我保护能力呢？斯托夫人给出了下列几点建议：

●给孩子制定“规矩”

孩子年龄还小，单纯无知，没有太多的生活阅历与经验，很多时候，他们并不能判断什么事情可以做，什么事情不能做；也不明白什么东西可以碰，什么东西不能碰。有时候，我们大人觉得非常危险的东西，在孩子眼中却是最感兴趣的东西。这些都需要父母事先给孩子详细地讲解，定下规矩，消除孩子的好奇与逆反心理。

●随时随地给孩子进行安全教育

父母应该在什么时候给孩子进行安全教育呢？答案是：随时随地。是的，父母可以在任何时间给孩子讲解安全教育的知识。比如，带孩子上街的时候，可以给他讲解一些交通安全规则，告诉孩子要遵守交通规则；和孩子一起读故事书的时候，通过小红帽的故事可以告诉孩子，平常爸爸妈妈上班不在家的时候，千万不要给陌生人开门等。这些都是孩子应该掌握的基本常识。久而久之，通过这些教育，孩子就会渐渐明白做危险事情的后果，同时也在无形中增强了孩子的自我防范与保护意识。

●培养孩子的生活自理能力

培养孩子的生活自理能力，这对孩子自我保护能力的形成有着一定的影响。因此，父母应该注意培养孩子的独立自主性，让他们养成良好的生活自理习惯。父母不应该事无巨细，为孩子扫除所有的障碍，应该给孩子留下体验困难与自己想办法解决困难的机会。这样不但孩子处理问题的能力得到了提升，而且自我保护能力也得到了相应的加强。

●对孩子加强体育锻炼

在培养孩子自我保护能力的时候，让孩子拥有一个健康的体魄，也是必不可少的。一个拥有强健体魄的孩子，是有一定的能力去解决一些困难的。所以，加强孩子的体育锻炼，也是非常重要的。

斯托夫人小语

斯托夫人认为，培养孩子的自我保护能力，应该要见缝插针地给孩子灌输安全意识。孩子自己可能不会做，关键是我们要帮助孩子建立安全意识。

父母应该尽量给孩子选择一些色泽比较鲜艳或者带有声音的玩具，而且要经常给孩子更换玩具，改变孩子的游戏场所，让孩子从各个方面充分享受到独自游戏的乐趣。

——斯托夫人

阅读时间：30分钟　　受益指数：★★★★★

培养宝宝独立玩耍的能力

独立玩耍的经验对孩子的智力发展非常重要，它能够培养孩子独立思考与独立动手的能力，帮助孩子树立自信心。孩子只有学会自己玩耍，才能逐渐学会如何与别的小朋友一起玩耍。

故事的天空

小北家有一个名叫杰杰的2岁宝宝，很是乖巧，这让左邻右舍羡慕不已。在杰杰爸妈忙碌走不开的时候，只要给他一个玩具，他就可以自己乐呵呵地玩一两个小时。

所有的家长都纳闷不已，小孩子天性就好动，耐性比较差，根本无法在一个地方待很长时间。而杰杰却不哭不闹，仿佛比较热衷自己玩耍一样，这个杰杰的母亲到底是怎么教育出来这样一个乖宝宝的？

原来，杰杰的妈妈小北从小就注意培养杰杰独立玩耍的能力。

刚开始，小北将杰杰放在一个安全的地方，然后给他一个玩具让他玩，自己站在门外的一角观看，如果听到哭声，她就会赶紧跑过去看发生了什么事情。倘若杰杰没有哭泣，那么她就会停留10分钟，然后再进来看看杰杰。

过了几天之后，妈妈小北离开的时间也慢慢延长，从最开始的10分钟逐渐变成了20分钟、30分钟、1个小时……随着训练时间的增长，杰杰独立玩耍的能力也逐步提高了，这给杰杰的父母可是省下了不少的时间，去做自己的事情。

如今，杰杰2岁了，已经可以独自玩一两个小时了。如果妈妈有事情要忙，就会将杰杰放在安全的地方，然后给他拿几个玩具，让他自己玩耍，之后，自己就可以安心地去做事情了，而杰杰也懂事，不哭不闹，自己玩得很是自在。

宋姐爱心课堂

小北通过对杰杰独立玩耍能力的培养，为自己争取了很多自主的时间，让她可以安心做自己的事情，这就在无形中培养了杰杰独立思考的能力。

孩子1岁的时候就已经有了独立玩耍的能力。倘若有一天，父母忽然发现孩子独自对着玩具自言自语的时候，不要过分惊讶。这个时候，父母千万不要去打扰他们。孩子的这种自娱自乐，正是培养他们独立玩耍能力的基础。

培养孩子独立玩耍的能力，也是培养孩子独立思考、独自解决问题的能力。比如，孩子在给布娃娃穿衣服的时候，他会一边给娃娃穿衣服，一边嘟囔着妈妈对自己说过的话，也会想一些比较有趣的环节，自己玩得不亦乐乎。而在这个过程中，孩子的记忆力、学习能力和玩耍能力等都得到了很好的培养和锻炼。

父母不能一有空闲时间便将孩子抱在怀中或者是陪着孩子一起玩耍，这样一来，就会产生很不好的影响，不利于孩子独立玩耍能力的培养。所以，当孩子自己玩耍的时候，作为父母可以在一旁安静地观看，当孩子失去耐心，或者是游戏进行不顺利而哇哇大哭的时候，父母再出面给他们提供及时的帮助。

对于1岁的宝宝来说，刚开始独自玩耍的时间或许不会超过10分钟，然后就开始满世界找妈妈。由此我们也可以知道，培养孩子独立玩耍的能力是一个循序渐进的过程，父母要给予鼓励，并耐心地帮助和引导宝宝。

斯托夫人支招DIY

既然培养孩子独立玩耍能力是如此重要，那么作为父母应该如何去具体实施呢？我们不妨借鉴一下斯托夫人给出的几点意见。

●为孩子创造独自玩耍的空间

要想培养孩子独立玩耍的能力，首先需要一个各种条件都具备的场所，既卫生又安全的场地和适合孩子一个人玩耍的玩具材料。倘若你的孩子比较喜欢坐在地板上玩耍，那么父母就一定要先将地板清洗一下，最好再给孩子铺一块地毯。与此同时，别忘了将墙上的电源插座孔遮盖好。孩子玩耍的场地不要离开父母的视线范围，以便确保孩子是安全的。

●弄清适合孩子独立玩耍的时机

让孩子独立玩耍也需要注意孩子当时的心情与状态。通常来说，孩子在吃过午饭或洗过一个舒服的温水澡后，心情都会十分舒畅愉快。这个时候，孩子很容易进入自娱自乐的状态。反之，孩子正处在饥饿或者困乏生病的状态下，他们则更需要父母的关怀，并不适合培养孩子独立玩耍的能力。

●从孩子的兴趣入手

从孩子的兴趣出发，更容易加强孩子独立玩耍的能力。要想快速培养孩子独自玩耍的能力，父母就应该根据孩子的兴趣，不断地去引导孩子，丰富孩子独立玩耍的游戏内容。只要是孩子感兴趣的游戏，他就会愿意投入十二分的精力。如果孩子独立玩耍的时候表现非常好，父母就应该及时给予表扬与肯定，从而培养孩子独立玩耍的兴趣与习惯。

●让孩子慢慢习惯独自玩耍

孩子独立玩耍需要一个渐渐适应的过程。一开始，父母可以先给孩子一个他比较喜欢的玩具，然后陪着孩子一起玩。等孩子渐渐投入玩的状态时，爸爸妈妈可以悄悄退出游戏，在一旁静静观察孩子独立玩耍。如果孩子自己玩得十分高兴，那就再与孩子拉开一点点距离，不过不要让孩子完全离开你的视线。等孩子慢慢适应了与父母保持较远距离自己玩耍之后，父母就可以尝试消失一小会儿，并且根据孩子的反应延长“消失”的时间。

斯托夫人小语

斯托夫人认为，适应了独立玩耍的孩子，在与小朋友的相处中要比他人有主动性，在问题面前，也会有自己的看法，较于其他孩子也比较开朗活泼。不过，孩子独立玩耍的时候一定要做好安全措施，不要让他把危险的物品当作玩具。

世界上一切美好事物都是从想象开始的，所以我们每个人都应该充分发挥想象力，让生活变得更加美好。

——斯托夫人

阅读时间：30分钟　受益指数：★★★★★

培养孩子的想象能力

缺乏想象力的人，没有创造新事物的能力和勇气，做什么事情都瞻前顾后，不可能取得什么大的成就，只会碌碌无为一辈子。

故事的天空

4岁的磊磊是个活泼好动的孩子，他有着丰富的想象力，喜欢画画。有一次，他拿着刚画好的一幅画，高兴地跑到父亲面前。

磊磊怀着期盼的心情问道："爸爸，你看我画的萝卜漂亮吗？"

"你画的是什么啊？嗯？怎么一点儿也不像。"没想到，父亲却很严厉地批评了磊磊。

"哪儿不像呢？"磊磊不甘心地问道。

"萝卜怎么可能这么大？"父亲一点儿也不留情地批评着，丝毫没有注意到儿子的情绪变化。

"可是……"

"没有什么可是，你先听我说！"父亲好像还没有批评够，又开始了他的长篇大论。"这幅画一点儿思维逻辑也没有，太阳怎么是绿的呢？"

"可我认为这样很好，这是我想象出来的呢。"磊磊低声为自己辩解道。

"什么是想象？磊磊，你不能通过想象来做事，应该完全凭事实。"

"可是老师说，画画是需要想象的。"

"不，你的老师一定给了你错误的指导，想象能当饭吃吗？"父亲坚持自己的主张。

"我认为，只有想象才会画得好，而且想象会让人感到快乐。"磊磊说出了自己的观点。

"简直瞎胡闹！没有想象，我现在不照样生活得很好！"父亲骄傲地说。

"可是，周围的伯伯阿姨说你太沉闷，都不愿和你交往。"磊磊说道。

没想到，这句话惹恼了父亲，他"啪"的一声给了儿子一记耳光。

"胡说八道，你实在太不像话了。告诉你，不管怎么样，我就是不许你想象，要想说什么必须要讲事实！没有事实，一切都是在浪费自己的时间。"

从此之后，磊磊再也不敢说关于想象的事情了，也不再画画了，本来活泼开朗的磊磊也变得沉闷起来。

宋姐爱心课堂

其实，在现实生活中，有很多父母都和磊磊的父亲一样，在无形中扼杀了孩子的想象力。或许磊磊原本可以成为一个出色的画家，但是在父亲的压制下，磊磊丢弃了想象力，人也变得沉闷起来。

现在的孩子大多是独生子女，是一个家庭未来的希望，孩子们大多是在父母和4个老人的注视下长大的，除了受到全方位的照顾之外，还受到各种各样的"规定"的约束。比如在有些孩子眼中，天空就是黑色的，而这时家长就会自作聪明地纠正天空应该是蓝的。其实他不知道，孩子认为天空也需要睡觉，天空把眼睛闭起来时，它就变成黑色了。而孩子的这种想法在大人看来无疑是个笑话，是不成熟的表现，所以他们才会费尽心思去改变孩子的认知，最后抹杀了孩子的想象力。

斯托夫人曾经说过："想象并不是胡思乱想，而是一种开发人类创造力的原动力。假如一个人没有想象力，他非但不能成为诗人、小说家和艺术家，而且也不能成为优秀的数学家和律师。"斯托夫人告诉家长，应该鼓励孩子多进行想象，因为没有想象力，就没有创造力，也就意味着没有未来。

斯托夫人支招DIY

任何想象都要以感知材料作为基础，离开了感知就无法进行想象。基于此，斯托夫人给了以下几点建议。

●带孩子多多认识周围环境

家长可以带孩子多出去走走，让孩子了解周围的社会环境，比如周围都有哪些商店、图书馆、影剧院以及其他的事物等，有条件的家庭还可以趁节假日带着孩子外出旅游，见识一下不同地区的风土人情。

●多与孩子谈心

家长可以经常与孩子交谈，了解孩子的想法，不要以自己的价值观来要求孩子，多多启迪孩子，唤起孩子丰富的想象力，而不是固定孩子的想法，让孩子故步自封，失去想象的权利。

●让孩子进行模仿

模仿，是发展想象力的基础。通过模仿，孩子能够进行自己的再造想象，模仿得越像，再造得就越自如。父母应该在扩大孩子观察视野的基础上，引导孩子进行更多的模仿。

●让孩子在游戏中提高想象力

游戏是最好的活动，孩子之间只需要一句“咱们假装……”就能开始一系列有意思的构思，孩子能够在构思中进入各种角色，能够让想象得到更快的发展。

●适当进行美术活动

让孩子拿起画笔把自己想象中的场景画出来，或者鼓励孩子动手创作，如用泥塑造自己的玩偶、剪纸等，手指上的活动能让想象更加新颖、富有创造力。

此外，让孩子多参加丰富多彩的活动、进行表演、给孩子讲故事等都能增加孩子的想象力，让孩子插上想象的翅膀，自由地翱翔在想象的世界中。

斯托夫人小语

其实每一个孩子都是天才，他们有着惊人的想象力和创造力，不过随着时间的推移，孩子的想象力和创造力也在逐渐流失，而那些将想象力和创造力保留下来的人也就成了世界上为数不多的成功之士和伟人。

思维是无形的，但是为了创造出有形的具有时代气息的东西，就有必要将思想表达出来。

——斯托夫人

阅读时间：25分钟　　受益指数：★★★★

培养孩子良好的思维习惯

爱因斯坦曾经说过：“提出一个问题要比解决一个问题更为重要。”良好的思维习惯有利于培养孩子解决问题的能力。

故事的天空

有一对夫妻很注重培养孩子多角度思考的思维习惯，每当遇到一个问题的时候，他们总会鼓励孩子要从多角度想出不同的答案，然后再将此进行对比，看看哪一个答案更加有说服力。而这对夫妻的教育效果在一次事件中也得到了充分的体现。

有一次，这对夫妻带着自己5岁的孩子，为了找到合适的房子，跑了整整一天。到了傍晚，夫妻俩看到了一张公寓出租的广告。

他们便根据广告上的地址寻了过去。

这时，温和的房东走了出来，将面前的三位客人从上到下打量了一番。

丈夫鼓起勇气问道:“请问，这里还有房子出租吗?”

房东遗憾地说:“啊，真的对不起，我们公寓不招有孩子的住户。”

丈夫和妻子听后，百般无奈之下只好默默地离开了。

刚到电梯口，5岁的儿子又重新跑了回去。只见他又敲开了房东的门，对房东说道:“老爷爷，你这个房子我租了。我没带孩子，只带了两个大人。”

房东听了之后，不禁被孩子的智慧逗乐了，决定把房子租给他们住。

宋姐爱心课堂

小男孩虽只有5岁，但是他却用自己的才智说服了房东爷爷，从而结束了他们一家人的劳碌奔波，而这也不得不说是小孩父母从小培养其思维能力的结果。

聪明的家长懂得让孩子养成良好的思维习惯，这样可以刺激孩子的大脑，给孩子带来聪明智慧。好的思维习惯有利于孩子从正确的角度去思考问题，有助于锻炼孩子的个人能力。

家长要保护孩子的好奇心和好问心理，激发孩子问问题的积极性，引导和启发孩子发问，刺激孩子大脑进行积极思考，提高孩子的智力，培养孩子良好的思维习惯，这将有利于孩子将来的发展。

在斯托夫人看来，孩子对于这个新鲜的世界，脑中会有很多的问题，也会产生很多的疑惑，所以才会屡屡向父母提出各种稀奇古怪的问题，而这个时候，父母不要打消孩子的积极性，而是应该给予孩子充分的鼓励，让其投入实践当中，用自己的思维方式去解决问题。

因此，家长要学会放开孩子的手脚与思想，让孩子能够自由翱翔。

斯托夫人支招DIY

培养孩子良好的思维习惯，家长的引导是关键，那么父母要怎么培养孩子良好的思维习惯呢？斯托夫人给了以下意见。

●家长要给孩子提供一些值得思考的东西

孩子对于新奇的事物会充满好奇，家长可以利用孩子的这一天性，带孩子去博物馆、图书馆等，然后让孩子把自己的所见所想告诉你，与你一起讨论。并要在恰当的时机向孩子提出问题，刺激孩子的大脑思维。

●放开孩子的手脚，让他勇于实践

孩子的实践活动主要分为两种：一种是直接实践，这种实践就是让孩子直接与其他孩子一起进行游戏活动、各种文体活动，让孩子可以在活动中学习各种知识。另一种实践是间接实践，这种实践活动主要是指让孩子通过学习他人的已有成果来进行活动，如听课、读书等。对孩子来说，这两种实践活动相互补充，缺一不可。孩子通过实践，可以获得知识，通过实践发现问题，促进孩子思考，提高孩子的思维能力。

●鼓励孩子动脑，让他自己解决问题

当孩子发现问题、提出问题的时候，家长不要急于告诉孩子答案，而是要引导他进行独立思考。家长可以让孩子自己查阅工具书或者查找资料来寻找答案、解决问题。家长也可以故意告诉孩子，这个问题自己也不明白，需要和他一起来查找资料。这样不仅可以激发孩子学习的热情，还能培养孩子独立思考解决问题的能力，同时还教会了孩子学习的方法。

●善于批判是个好习惯

这里的批判并不是对某人或者某个事物的批判，而是一种批判的思维，也就是对某一观点或理论提出质疑，敢于向权威挑战。这种思维方式不仅可以给予孩子探索事物的勇气，还能打破思维定式。家长可以通过日常生活来培养孩子这方面的能力。例如在孩子已经知道答案的情况下，问一问孩子为什么会有这样的答案，或者故意与孩子争辩问题等都可以让孩子养成这样的习惯。

●让孩子在联想和想象中自由翱翔

联想和想象是孩子思维的翅膀，联想、想象能力的高低代表了孩子右脑的开发水平，如果孩子的右脑开发得好，孩子在这方面的能力就会比较突出，而且富于创造力。家长可以通过对孩子音乐、语言、美术方面的开发，激发孩子的联想和想象能力。比如在看到一幅画的时候，可以问一下孩子想到了什么等诸如此类的问题。

良好思维习惯的形成并不是短时间可以完成的，需要家长耐心地、长期地教育和引导。

培养孩子良好的思维习惯，就是培养孩子解决问题的能力。当别人将苹果纵向切开的时候，你不妨横着切一次，这样你会发现苹果中藏着的秘密。

孩子的口中总是不断地重复某一个词或者某一句话时，那是他们在积累记忆中的词汇，也是语言能力的开始。

——斯托夫人

阅读时间：30分钟　　受益指数：★★★★★

培养孩子的语言能力

当孩子能够真正理解一个故事的时候，他就能够体会到语言带给他的乐趣。而随着孩子年龄的不断增长，其对于语言的要求也越来越高。在孩子们反复的语言训练中，他会理解语言的力量，他们会知道，当一句话脱口而出的时候，会有很大的冲击力。

故事的天空

彤彤妈妈从怀上彤彤开始，每天都要和肚子里的彤彤说一会儿话，要不就是给她讲故事，因为妈妈听说这样有助于宝宝今后的语言发育。后来彤彤出生了，妈妈更是不敢放松，每天都会坐在她的旁边，跟她说说话。

彤彤三四个月大的时候，就已经能够听懂妈妈的话了，当妈妈说到比较好玩的事情时，她还会配合妈妈，手舞足蹈一番，笑得可开心了。

后来彤彤又长大了一些，妈妈便开始教彤彤简单的单词，比如家庭成员的称呼等。

开始的时候彤彤根本就说不清楚，不过慢慢地，彤彤就开始学习妈妈的发音，竟然也有模有样地说了出来。当彤彤妈妈第一次听到她喊“爸爸妈妈”的时候，开心地抱着彤彤转了好几圈。

有了这样的奖励，彤彤更是“变本加厉”，“妈妈、妈妈”地喊个不停。彤彤妈妈意识到，或许到了该教孩子说话的时候了。于是只要一有时间，妈妈便给彤彤讲故事，试着和彤彤“交谈”。但是彤彤似乎一点长进都没有，仍然只能说出单个词语，而且一段时间内也只是对某一个词语进行重复，说不出一句完整的话。

彤彤妈妈有些着急，以为彤彤在语言上有什么障碍，不能说出连贯的话呢。可是有一天，当彤彤妈妈给彤彤讲同一个故事的时候，彤彤竟然意外地接了一句话，这让彤彤妈妈很惊讶。经过一段时间的观察，彤彤虽然很长时间都是重复一个单词或者一个短句，但后来，她就能将其连接起来，说出一句比较完整的话了。

宋姐爱心课堂

从胎教开始，彤彤的妈妈就注意锻炼彤彤的语言能力，通过讲故事、对话交流的方式，让彤彤及早地体会到语言的乐趣。

斯托夫人认为，语言本来就是人类拥有的一种比较独特的能力，任何一个健康的孩子都具有这种天赋，只不过表现出来的时期不一样。孩子从学会说话开始，就惊奇地发现，原来身边的所有事物都有一个自己的名字。而且只要自己能说出来，妈妈似乎就非常高兴。于是他们开始喜欢上了这种锻炼，模仿着妈妈的样子，说出妈妈教给自己的词汇。

孩子似乎喜欢上了这种重复的感觉。但是很快他又发现了新的秘密，为什么妈妈的一句话能说得那么长？而自己只能一个字或者一个词地说呢？难道这些词语之间有什么关联？从此，孩子便开始留意妈妈的每一句话，并且有意识地去学习。当他了解了各个事物之间的正确关系，便想将自己的想法或者知道的秘密表达给妈妈。于是他们试着开始表达，但他们比较小，还不具备顺利表达的能力，所以说出的话可能还跟“蹦豆子”一样。此时妈妈千万不要以为这是孩子在和你闹着玩，其实是他们在很努力地学习，想给妈妈一个惊喜。

这时候妈妈一定要有耐心，尽量鼓励孩子，同时多和孩子说说话，让他们了解到各个词语之间的关系，这种做法也有利于孩子练习语言能力。

斯托夫人支招DIY

如果你发现自己的孩子正处于语言表达初期，那么就一定不能粗心大意，要适当地对孩子加以引导，对促进孩子语言的流畅能力和准确度有很大帮助。斯托夫人针对孩子语言能力的培养，提出了几点意见。

●帮宝宝积累更多词汇

这个时期的孩子，正经历着积累词汇的过程，只有词汇积累得多一些，才有可能将记忆中的词汇串联起来，帮助他们说出完整的话。比如妈妈看到了家里的猫咪或者狗狗，就可以让孩子一边抚摸它们，一边告诉他哪一只是猫，哪一只是狗，让宝宝的记忆中有猫和狗的不同概念。

●让孩子了解身边熟悉的物品

孩子从一出生开始，就生活在同样的环境里，对那里的一切早已熟悉。但他们仍然不知道屋子里摆放的各种物品的名称。此时孩子就有了学习的欲望，他们渴望叫出屋子里每一种物品的名字。比如一直在头顶上晃来晃去，还能发出光亮的东西，妈妈叫它吊灯；比如每天妈妈用来给自己喂奶的东西是奶瓶等。只要是孩子在生活中能够接触到的东西都可以给孩子拿来介绍，而且往往身边的事物就是孩子最渴望了解的。

●频繁地重复相同的话

孩子还太小，记忆能力还没有发育完全，所以不要指望教给孩子的东西他能立刻记住而且永远都不可能忘记。孩子的记忆能力有限，很可能你刚刚教给他们的词语，转眼就会忘记。因此要想让孩子真正地掌握一个新词，就需要妈妈不断地进行重复。比如，每次给孩子喂奶的时候，都可以告诉他这是“奶瓶”。

●妈妈说话要清楚

教给孩子某些物品的名称时，妈妈一定要让宝宝看清楚手里的物品，而且发音一定要清楚，让孩子看清妈妈的口型。最重要的是，妈妈说话的节奏一定要慢些。既要让孩子听得清，又要让他看得清，这样才能让孩子记得更加牢固。

斯托夫人小语

如果孩子开始不断地重复某个词语，便象征着孩子要学习语言的强烈欲望。这时妈妈一定要加强对孩子的训练，争取将其锻炼成一个“演说家”。

观察属于知觉的高级形式，观察力强的人能够发现事物的很多外表特征，连那些典型却不明显的特征也能够及时发现。

——斯托夫人

阅读时间：30分钟　　受益指数：★★★★★

培养孩子的观察能力

一个苹果，有些孩子说苹果是圆的，而有些孩子则说苹果是圆的，皮是光滑的，味道是酸的等多种特征，而这种现象就是孩子观察力的不同所造成的。培养孩子的观察力是开发智力的重要内容。

故事的天空

思思6岁，上幼儿园大班。思思是一个观察能力非常强的孩子，每当老师让他们描述一件物品的时候，思思总能够将其特征准确无误地叙述出来，而且很是全面。比如，在描述一个花瓶的时候，思思会把花瓶的质地、颜色、形状、上面的图案等一一叙述出来，而其他的孩子在叙述的时候，总是缺一样、少一样的。而思思的这种观察力也是源于她母亲的培养。

思思很小的时候，思思的妈妈就非常注重对思思观察力的培养。思思的妈妈给她买了一个很小的笔记本，让思思从5岁开始记录下来自己每天所见识到的新事物，尽可能详细地记录下来新事物的外貌特征。到了晚上，思思的妈妈便检查思思的描述，如有不当的地方，及时给予指正和引导。

有一次，思思在描述杏子的时候，写了“杏子很酸”这么一句，于是思思的妈妈从超市里面给思思买了另一种杏子，思思吃了之后，并没有她所认为的酸涩，相反还很清甜可口。思思的妈妈对她说：“宝贝，你看，杏子不仅仅只有酸的，它们的品种不同味道也不一样，妈妈今天给你买的杏子是不是很甜啊？”

思思高兴地说道：“是啊，妈妈，我一直认为杏子是酸的呢。”

思思的妈妈回答说：“所以，我们在观察事物的时候，一定要想全面，好比这个杏子一样，虽然你平时吃的杏子是酸的，可是并不代表杏子就全都是酸的，看问题可不能太片面啊！”

思思兴奋地说：“妈妈，今天我又学了很重要的一课呢，我以后再观察事物的时候，肯定会仔细思考全面的。”

宋姐爱心课堂

思思妈妈让思思每天记录新事物，描述新事物的各个特征，这就是培养思思观察力的方法之一，在思思妈妈精心的教导下，思思的观察力日渐提高，最后成为一个观察力比较强的孩子。

斯托夫人认为，孩子观察力的培养应该从婴儿时期就开始进行。婴儿出生后，父母就应该适当地给他们以视觉和听觉上的刺激，比如在孩子的小床周围挂上各种五颜六色的图案，给孩子播放悦耳的音乐。根据孩子年龄的不断增长，来更换相适应的内容。

当孩子能爬、能走的时候，父母千万不要对孩子的活动多加限制，只要没有危险，就应该让孩子自己探索、动手操作。父母要经常带孩子去户外玩耍，让孩子观察户外的一切事物。总的来说，培养孩子的观察力，就要调动孩子的所有感官，让孩子多听、多看、用手摸、用鼻闻，以此来加深对事物的印象。

斯托夫人支招DIY

孩子出生之后，父母就应该有意识地培养孩子的观察力，引领孩子观察事物，并告诉孩子事物之间的区别。那么，作为父母，该如何培养孩子的观察力呢？

●让孩子观察自己感兴趣的事情

在培养孩子观察力的时候，父母可以让孩子去观察一些他们感兴趣的东西。小孩子一般对于活动的物体比较感兴趣，比如小兔子、小猫、小金鱼等，而不喜欢观察静的东西；喜欢观察色彩鲜艳的事物，比如五颜六色的鲜花等，而不喜欢过于单调的颜色；喜欢看大而清晰的物体图像，不喜欢看小而模糊的东西；位置明显的物体容易被观察，如墙上挂的、桌上摆的、床上放的、身上穿的……位置不明显的，容易被忽略。

●调动感官，让孩子亲自感受

如家里吃水果时，可以让孩子用眼睛看、用手摸、用口尝，从而获得各种水果的形状、颜色和味道的信息。也可以带孩子到大自然中去，认识大千世界，亲眼看看破土而出的各种各样的植物；亲耳听听优美动听的蝉鸣鸟叫；亲手摸摸饱满飘香的麦粒谷穗；亲口尝尝凉而爽口的雪花冰块，从而认识春夏秋冬四季。当孩子产生兴趣后，注意力就会集中，观察能力也能不断提升。

●明确观察的对象

在确定了观察对象之后，要鼓励孩子留心观察到底，不要轻易地转移目标。例如带孩子去动物园看孔雀开屏，确定对象后，就要认真观察孔雀的动静。不要因为猴山好玩，还没有看清楚孔雀开屏，就一下子转到猴山上去。孩子的年龄越小，注意力越容易分散，一受干扰就忘记了本来要观察的东西。妈妈要和孩子在一起，注意引导他如何观察，处处留心，以取得好的观察效果。

孩子观察目的性的发展表现为有意性不断增强。例如，3岁的孩子基本上不能根据任务观察，随意性起主导作用；4—5岁的孩子已能有目的地进行观察，但观察缺乏组织，不能分解目标，所以不能坚持；6岁孩子刚刚开始能根据总任务进行组织、分解任务，并能坚持完成观察任务。这些都说明，孩子带有目的性观察的水平会随着年龄的增长而提高。

●多种角度观察事物

如观察建筑工地上的吊车时，一方面观察它的外部构造，另一方面要观察它如何吊东西；观察苹果时，要从外形、色泽、味道等方面观察。

斯托夫人小语

观察属于一种有目的的、有计划的、比较持久的知觉过程，它是孩子开发智力的重要组成部分。只有观察力较好的人，才能够轻易发现事物的本质，这将有利于孩子对世界的认知。

人生不可或缺的财商

"金钱属于一种思想，在人生当中，智商、财商、情商都是缺一不可的。"财商教育进行不好的话，也会对孩子带来不好的影响。

——斯托夫人

阅读时间：25分钟　　受益指数：★★★★

培养孩子的高财商

对于现在的孩子来说，玩具、美食他们早就已经司空见惯，也从来不缺少家人的关爱和宠溺，而正是这一份过度的宠溺，让孩子失去了独立自主的能力，尤其是财商方面，意识更是淡薄。

故事的天空

小红有一个5岁的儿子明明，是全家的宝贝疙瘩。春节的时候，明明收了600元的压岁钱，可是元宵节还没到，这600元就被明明给花光了。

小红见到这种情景，心里也很是担心。这天，明明又买了一个新玩具回来。小红把明明拉到他的卧室里，指着明明的储藏柜说道："明明，你看，你的柜子里有这么多的玩具，你怎么还要买呢？每年你都有这么多的压岁钱，如果能够合理利用，能够做很多有益的事情呢。”

明明回答说：“妈妈，压岁钱是我的，应该由我来处理才是，我的玩具已经旧了，我需要新玩具。”

小红耐心地继续说道：“明明，我不是想要命令你怎么样，或者是让你怎么样，我只是在告诉你怎样用钱。”

明明说：“可是，其他的小朋友都是买玩具的呀，并没有什么用途。难道钱除了买东西还能够做别的？”

小红说道：“宝贝，当然会有其他用途了。买东西只是钱用处的一个小部分而已。你可以用钱去帮助别人，可以把你得到的压岁钱积累起来，到时候去买一件自己喜欢的物品，等你再长大一点的时候，你还可以用钱投资，让钱生钱。这都要比一有钱就买东西花光有意义得多。”

明明听了妈妈的话，思索了一会儿之后，说：“嗯，妈妈我知道了，我会用钱帮助需要的人，也会让钱生钱的。”

从那之后，明明再也不乱花钱了，而是把钱储存起来。

宋姐爱心课堂

明明妈妈告诉明明理财的方式，以此来培养孩子的财商，让明明懂得如何处理钱财、运用钱财。

财商是创造财富的智慧，是处理金钱的艺术，是现代人必备的基本素质之一。财商教育和智商、情商、德商一样，应该成为未成年人素质教育重要的组成部分，财商是与智商、情商并列的现代社会三大不可或缺的要素。

儿童财商教育，就是让孩子了解财富运作规律、经济运行规律，必须让孩子知道财富是怎么创造的、怎么运行的，应该如何对待财富、如何运用财富。现在很多人不能以平常心对待财富，主要就是缺乏财商教育。财商教育能够帮助孩子在日后的生活中避开财务陷阱，减少财务上的失败，让孩子日后不至于陷入财务困境。

斯托夫人认为，财商教育是教育孩子过程中的重要一课，这也是促使孩子走向成功的关键因素之一。美国教育基金会会长夏保罗先生也指出了美国人成功的原因：“美国人有一个共识：在诸多成功中，赚钱最能培养人的成就感和自信心，所以必须从小教孩子理财，培养他们的财商。”在美、英等发达国家，财商教育是中小学的必修课。然而在中国，如何与钱打交道的教育几乎是空白。

曾在一档访谈节目中看到一个女孩对主持人说，小时候妈妈就告诉她女人一辈子最幸福的事有两件：经营家庭和学会理财。现实生活中很少有父母会告诉孩子这些。儿童财商教育是一项全社会系统性工程，需要学校、家长和社会来共同建立。

目前在我国，上学时有不少“给多少就花多少”的“月光族”，毕业后有“不愿工作整天闲晃”的“啃老族”，工作后又有“不敢消费害怕生病”的“房奴族”等，不少成年人都不同程度地存在“财商”缺陷，现实已经开始“拷问”我们对于财富的教育方式。

斯托夫人支招DIY

很多家长认为孩子那么小就教他去谈钱不好，甚至很多大人对钱也都不好意思讲。但是这样往往会让孩子没有一个“钱”的概念，认为钱来得很容易，等他们明白钱来之不易的时候可能已经失去踏踏实实、兢兢业业去赚钱的耐性了，严重的还可能走上犯罪道路。所以父母要从小对孩子做好财商教育，引领孩子走上一条正确的理财之道。

●尝试着让孩子接触金钱

传统的家庭教育认为，从小让孩子接触太多的钱会使孩子的思想受到铜臭气的不良影响，这种消极防范导致孩子从小缺乏经济意识，懂事以后反而会出现盲目消费、不会理财的现象。因此适当地增强孩子的经济意识，从小培养孩子的财商，这对孩子的健康成长十分有利。平时可以教孩子数数钱，买东西时让孩子完成最后交易等。

●财商并不是简单赚钱

很多人对财商教育的理解过于狭隘，简单认为培养财商就是让孩子怎么去大把地挣钱，其实财商教育并不仅仅是教孩子将来怎么赚钱，让他成为一个财富的成功者，更多的是培养孩子的金钱观念，让孩子知道如何使用金钱，如何正确获得金钱。

理财只是财商教育的一小部分。财商教育的内涵在于教会孩子怎么用有限的资源去创造最大的幸福感。资源并不一定是金钱，也可能是时间和其他的付出。其实并不是钱越多就越幸福，而且每个人掌握的资源是不同的，所以一定要培养孩子正确的财商观念，让孩子认识财商不是简单地去挣钱，合理的消费、为社会做出贡献、用金钱帮助有困难的人都是财商教育应有的一部分，家长们不可偏颇，一定要做好孩子财商教育的引路人。

●给孩子足够的空间

现在的很多家长在他们那一代就没有接受过完整的、系统的财商教育。在这种状况下就很难给孩子非常好的财商教育。既然如此，家长就应该给孩子足够空间、足够自由度，让孩子去思考问题、认识世界。家长千万不要用一些负面的东西去压抑孩子的成长，财商本身就是隐藏在很多生活细节中的，可能家长不经意的一句话就会对孩子产生重大影响。

所以家长在生活中和孩子谈到金钱方面的问题时，一定要注意说话的度，切莫说一些拜金或者金钱万能的话，以免在孩子幼小的心里留下“只要有钱什么都可以买到”的印象，使孩子对人情冷暖方面的感悟弱化，形成不良的世界观。

斯托夫人小语

财商不仅仅是引领孩子体验和管理金钱的智慧，也是让孩子学着规划人生和管理人生的生存教育，更是让孩子学会感恩，承担责任，得到独立自尊等健全人格的教育。培养孩子好的财富观，会让孩子受用一生。

父母应该向孩子灌输正确的金钱意识，让孩子全面了解钱的魅力，与此同时，父母还应该告诉孩子金钱所办不到的事情。

——斯托夫人

阅读时间：30分钟　　受益指数：★★★★★

给孩子开一个银行账户

要让孩子在很喜欢钱和不在乎钱之间有一个度，不走极端，让他们认识到金钱应该与自己是什么样的关系。以前的教育对金钱大多都是带有偏见的，因此，应该引导孩子正确地认识和了解金钱。

故事的天空

莉莉6岁生日的时候，收到了父母送的一份大礼，那就是一个银行账户。从莉莉出生开始，莉莉的父母便在银行给她开了一个账户，把他人给莉莉的钱全部存在这个账户里。等莉莉 6 岁的时候，账户里面的金额已经不是小数目了。

莉莉拿着手中的存折，心里激动极了，她兴奋地问妈妈："妈妈，这里面的钱都是我的吗？我可以任意花吗？"

妈妈说道："这些都是莉莉从出生到现在所'赚'的钱，从现在开始，你对这些钱就有支配权力了，但是可不要乱花哦，只有合理地理财，才能够让存折里面的数字越来越大，知道吗？你可以用它来交学费，可以用它来投资，但是就是不可乱花，否则这存折里面的钱再多，也是经不住你乱花的。”

莉莉听了之后，若有所思地点点头：“妈妈，这是不是就是你说的钱需要花在刀刃上啊？妈妈放心，我绝对不会乱花一分钱的，我还要看着存折里面的数字一点点地往上涨呢。”

宋姐爱心课堂

莉莉妈妈十分注重对孩子金钱意识的培养，她在莉莉小的时候，便给她开了一个银行账户，并且在莉莉生日的时候当作礼物送给了她，让莉莉开始支配这些金钱，并且告诉莉莉金钱正确的用途。

斯托夫人认为，5—12岁是儿童理财教育的关键期。在这个阶段，孩子的金钱价值观和消费习惯尚未定型，如果此时进行理财教育，孩子能学会安排10元钱的用途，那么日后你给他10万元、100万元，甚至更多的钱，他都能游刃有余地处理好。

所以，父母要从小培养孩子的财商，让孩子拥有理财意识。

斯托夫人支招DIY

那么，父母该怎么做呢？

●给孩子灌输储蓄的概念

妈妈要教孩子建立储蓄的概念，坚持让孩子养成储蓄的习惯。培养储蓄观念主要是为了避免孩子有过度消费行为，让他知道买东西还得量力而行，节俭和储蓄是美德。

妈妈可以为孩子准备一个储蓄罐，引导孩子在得到零用钱后有意识地将一部分拿去“喂小猪”，再用储蓄的钱去做更大、更有意义的事情。孩子会觉得“喂小猪”的形式十分有趣，同时可以享受到累积带来的成就感和满足感，自然就养成了储蓄的好习惯。

●给孩子开设账户

当孩子长大一些时，可以将孩子存钱罐里的钱拿出来，由父母带着孩子在家附近的银行或者储蓄所开一个孩子的专属账户。开设银行账户的好处是：让孩子正式真正了解金钱应该存放在什么地方，也让孩子实际感受到将钱存放到银行可以带来更多的收益，了解利息的概念和具体作用。

给孩子建立了银行账户之后，父母去银行的时候都要带着孩子，可以在自己的指导下让孩子存入自己最近攒下的现金，或者取出要用的钱，让他们利用存折中数字的变化，体会金额的增加减少，让孩子从小就了解存钱的重要性。

●协助孩子制订目标

孩子的自控能力差，存了钱难免心里痒痒会想着怎么花掉。这个时候妈妈就要协助孩子设定自己的目标。给孩子买了存钱罐或者开设账户之后，就可以站在平等的地位与孩子讨论如何运用金钱。首先教导孩子认识需要的东西跟想要的东西有何不同，然后让孩子写下想要的东西，以及什么时候想要得到。比如说，暑假看了《变形金刚》电影后想要一个变形金刚玩具，或是明年的目标是买一辆山地越野自行车。经过这样的讨论和实践，就能够让孩子有个明确的存钱的目标。

●适当地给孩子一些鼓励

要想让孩子自觉存钱，父母也要给予适当的鼓励，例如，当孩子一个月存下一定数量的钱之后，父母便可以给孩子一些奖励。这就好比公司中，老板会根据员工这个月所创造的价值来衡量员工的奖金。

父母还应该鼓励孩子控制消费、增加储蓄，从小建立正确使用金钱的好习惯。大人要以身作则，比如‘节约用水、用电’，外出就餐时如果吃不了就要打包带回家等。家长不要在宝宝面前炫耀名牌，以免令孩子变得贪慕虚荣。更重要的一点就是，大人不要用金钱或物质代替陪伴小孩的时间。

斯托夫人小语

给孩子建立一个银行账户，从小培养孩子的理财意识，让孩子成为一个高财商宝宝，为孩子以后的成功奠定基础。

孩子与生俱来的财富便是爱心，同情和善良是孩子的天性，可是如果父母在后天教育中没有注意多加引导和培养，那么孩子们的爱心也会随着时间而逐渐流失。

——斯托夫人

阅读时间：25分钟　　受益指数：★★★

让孩子用财富帮助别人

奉献爱心没有富贵贫贱之分，就好比幸福的生活也不可用富贵贫贱来衡量一样，只要我们拥有了爱心，那么就算我们再怎么贫穷，我们也一样能够用自己的方法去给他人提供帮助；而那些没有爱心的人，就算是家财万贯，最后也只能守着财富耗费自己的一生，却无法体会到助人的快乐。

故事的天空

小展是一名志愿者，在为一名白血病患者筹集善款的时候，他遇到了一件让他终生难忘的事情。

这天，小展像往常一样，在志愿者台边等着前来募捐的人们。有些人捐赠了一百元，有些人捐赠了五十元。而这时，小展注意到一个五六岁的小男孩，抱着一个透明的储蓄罐，朝着捐款箱走来。

小男孩走到捐款箱前面，因为他够不到捐款箱，于是，他对小展说：“哥哥，你能帮我把钱放进去吗？”小展看了一眼储钱罐，里面至少得有五百元，小展诧异地问道：“小朋友，你把这些钱带出来，父母知道吗?”

小男孩说：“妈妈说这是我存起来的钱，我可以决定它的用处。而妈妈还说，钱在帮助他人的时候，才会显得更加有意义。所以我想把它捐出来，帮助他治好病。”

小展接着问道：“那你的父母来了吗？”

小男孩用手指了指不远处的白衣女子，说道：“喏，那个就是我的妈妈，她在那边等着我呢。”

小展抬头看了看那位漂亮的母亲，只见她正微笑着看眼前的小男孩。小展帮助小男孩把钱塞进捐款箱里，然后又说道：“小朋友，你有没有什么话要对那位患病的哥哥说啊？”

只听小男孩用稚嫩的声音回答道：“嗯，我想告诉哥哥，不要担心，有了钱，就能够看好病了。我存好钱之后，还会再来的。”

小展听了男孩的话，在心里慨叹道：“到底是怎样的父母，才能够培养出如此可爱的孩子啊？”

宋姐爱心课堂

故事中，通过小男孩与小展之间的对话，我们能够听出父母对小男孩的教育是非常到位的，他们让小男孩明白了钱只有在帮助他人的时候，才会显得更加有意义，也在无形中培养了孩子的爱心。

现实生活中我们时常见到这样的现象：有些人非常富有，他们可以一掷千金，却不愿意捐出一分钱。可我们也见到过许多并不富裕的人却闻困苦而落泪、见贫寒而伤神，奔走于各种慈善场合和捐款场所的温暖画面。还有一些人，通过自己的努力由穷变富，但是曾经的苦难日子却并未让其从“受助者”变成“捐助者”，富裕后的日子让他们体验到财富带来的快乐，这种感觉让他们失去了本真，对曾经与自己一样贫穷的人视而不见。

如今，孩子大多是独生子女，有些孩子在接受别人的照顾时还一个劲儿地埋怨别人照顾不周，特别是对待自己的父母更是苛刻。试想，连自己的父母都不爱的人会爱别人吗？所以，妈妈要给孩子做个榜样，一家人要相互关心，特别是夫妻之间要相互体贴，这对于培养孩子的爱心能起到潜移默化的作用。如果父母对孩子一味付出而不求回报，就有可能将孩子培养成只知索取而不知奉献的人。而这种“不求回报”的无私的爱，可能无形中让我们丧失了对孩子进行尊敬父母、关心他人教育的时机。

斯托夫人认为，只有孩子拥有爱心和同情心等好的德行才会关心和帮助那些需要帮助的人。同样，在培养孩子财商时，也应该教会孩子如何利用财富去帮助他人，让孩子成为一个有爱心的人。

斯托夫人支招DIY

如果我们只是一味追求金钱和权力，而置人类高尚情操于不顾的话，那么，一切进步及财富创造都将变得毫无意义。那么，该如何让孩子用自己的财富去帮助他人呢?

●选择正确的表达方式

家长每天努力工作，为的就是多赚点钱给孩子。因此，像“你知不知道我为你花了多少钱”“我这么拼命工作赚钱是为了谁”这样的话语就常常从家长的嘴里脱口而出，其实这对孩子也是一种误导，让孩子以为金钱就是衡量一切的标准。孩子的心里会认为，父母对他的爱和关心有多少，可以用父母愿意为他花多少钱来判断。时间一久，金钱在孩子脑中就仅仅成为生活工具，很难发现其背后隐藏着的更多积极的作用。因此，当孩子开始接触金钱时，要培养孩子的爱心，让孩子了解爱心远比金钱重要的道理是一项重要的内容。

●带着孩子参加捐助活动

带着孩子一起参与一些捐助活动，是帮助孩子树立正确金钱观、培养孩子爱心的最佳途径。这些捐助活动能让孩子认识到，世界上还有许多困苦的人需要摆脱困境，而金钱上的付出正是我们帮助他们的有效方法之一。

斯托夫人小语

爱心是孩子最为巨大的一笔财富。当引导孩子用手中的财富去帮助他人的时候，他们收到的不仅仅是纯洁和温暖，还有促使他们乐观向上自信的力量，能够让他们体验成功，并且了解财富在人生中的正确意义。

用游戏的方法训练孩子

音乐的启蒙可以满足并激发孩子对音乐的兴趣，而且音乐还可以发展孩子的心智。

——斯托夫人

阅读时间：25分钟　　受益指数：★★★★★

用音乐打造小天才

孩子对音乐有天然的热爱与向往，这让我们确信每个孩子都渴望音乐，每个孩子都需要接受音乐文化的熏陶。家人要善于发现孩子的音乐才能，并培养孩子的音乐情操。

故事的天空

爱因斯坦从小就喜欢音乐，这要归功于他母亲。他的母亲不但是一位非常有修养的女性，而且非常喜欢音乐，在小提琴和钢琴上都有不错的成就。

爱因斯坦 3 岁的时候，有一次，他的母亲波林正在练习弹钢琴，从母亲的指尖流淌出一连串优美的音符，像潺潺溪水一般清澈动人。突然，波林感觉自己的身后站着一个人，她转身一看，原来是爱因斯坦，只见他正歪着脖子，认真地聆听音乐呢。

波林看到这样的情景，心里高兴极了，对小爱因斯坦说道："亲爱的，看你现在一本正经的模样，真像一个大教授啊！亲爱的，你怎么不说话呢？"爱因斯坦只有3岁，根本无法用言语去表达自己对音乐的感受，也无法描绘出音乐给他的心灵所带来的震撼。

波林也没有继续追问，而是转身继续弹奏了一首新曲子，是贝多芬的奏鸣曲。而这个时候的小爱因斯坦，更是一动不动地盯着钢琴的黑白键，很是投入。就是在这样的音乐氛围中，爱因斯坦的创造力和想象力日渐提高，最后成了世界上一代科学巨匠。

宋姐爱心课堂

爱因斯坦有如此伟大的成就，离不开他母亲的音乐教育。母亲不仅给了他一个丰富多彩的童年，还开启了他的智慧之门。不得不说他的母亲很伟大，她明智地选用了适当的方式开发了孩子的智力，并为孩子获取成功奠定了很好的根基。

一位哲学家曾经说过："音乐往往能够造就出天才。"这句话听起来有些奇怪，但孩子受到音乐的熏陶，不仅仅是为他提供成为音乐家的条件，也能给其他方面的发展创造非常好的条件。

孩子跟音乐好像天生就是好朋友，而且音乐还是启发儿童大脑的"心灵体操"。父母可以充分挖掘、启发孩子跟音乐的"缘分"，让他享受音乐艺术带来的快乐，获取一生享用不尽的财富。

音乐是一门非常不错的表情达意的艺术，这跟孩子的感情外露和喜形于色有类似的特点，他们很难通过语言来表述他们内心深处的体验和情感，但音乐中那些鲜明的感情描述和强烈的情绪对比却把孩子的内心感受全抒发了出来，因此他们很容易从内心深处爱上音乐，甚至经常不知不觉跟随音乐摇摆身体。

音乐和人的右脑有关，而右脑可以掌控感觉和情绪。所以像练唱、玩乐器或听音乐等都可以增强人的身体协调力，而且它还对专注力、记忆力、视觉或听觉的发展都有很大的帮助。当我们的大脑受到音乐的刺激时，我们会变得更加活跃。

日本著名的教育家和音乐家铃木镇一，则建议家长用音乐来开启孩子的大脑潜能，曾轰动了整个世界，而且他还在实践中证明了所有的才能并不是天生就有的，只要教育得当，任何一个孩子都能够成功。

斯托夫人支招DIY

在日常生活中，要选择合适的方法，在合适的时间引起孩子对音乐的兴趣，那么，家长该如何培养孩子对音乐的兴趣呢？斯托夫人给了以下建议。

●给孩子创造一个合适的音乐环境

现如今人们的生活水平有了很大的提高，家中少不了各种视听设备，通过这些物质条件，家长可以更好地培养孩子的音乐素质。家长完全可以利用电视机、音响和卡拉OK机，对孩子进行适当的音乐教育，此外家长还可以经常带孩子参加文艺晚会，听一些音乐会，或者在休闲时间让孩子表演一些音乐类的节目等。在孩子大一点时，家长还可买一些乐器，让孩子学习演奏。

●让孩子随着音乐的节奏而跳舞、做动作

在音乐的伴奏下跳舞或做动作，不仅能增强孩子的节奏感，而且还可以陶冶性情。家长可以先教孩子最简单的动作，让他跟着音乐的节拍、情绪和速度来做动作，利用运动神经来感知和表达音乐的艺术美。

●教孩子唱歌

父母在孩子还很小的时候，就可以培养他听音乐的习惯，就如诗人歌德曾说的那样：“为了不失去神给予我们对美的感觉，必须天天听点音乐……”等孩子大一点时，就可以教孩子唱歌，最好是从朗朗上口的歌谣开始，让孩子从熟悉语言的韵律节奏感，渐渐过渡到掌握音乐的韵律节奏。

斯托夫人小语

斯托夫人认为，越早让孩子接触音乐，对孩子的意义就越大。每个家长都应该了解音乐对孩子的重要性，尽可能地让孩子早一些接触音乐。虽然音乐并不能让每个孩子都成为一个出色的音乐家，但是它的确可以培养孩子的气质，而且可以让他们的艺术生活变得很丰富。

兴趣是最好的老师，只有让孩子产生兴趣，孩子才愿意去接触和学习。

——斯托夫人

阅读时间：25分钟　　受益指数：★★★★★

和数学打交道，要靠游戏来帮忙

兴趣是学习的一种动力。任何一个人，不管做什么事，如果这件事是他感兴趣的，那么他就很愿意去做。数学是枯燥无味的，想让孩子对数学感兴趣就需要利用游戏来帮忙。

故事的天空

蕊蕊是个非常聪明的小孩，她刚满5周岁，就会说很多个国家的语言，而且在绘画和音乐方面也很有天赋。但蕊蕊的数学让妈妈非常头疼。

一开始妈妈用卡片游戏教会她数数和认数字之后，又以买卖的形式教会她数钱。但是，渐渐地，妈妈就发现她对数学并不感兴趣，每次教她数学时，她总是三心二意、左顾右盼。数学中的一些公式定理是必须死记硬背的，比如，加法口诀和乘法表等，而死记硬背是蕊蕊最讨厌的。因此，她对数学不感兴趣，数学成绩也不如意。

但妈妈的目标是让女儿全面发展，成为一个在各方面都非常优秀的人。她对数学不感兴趣，很容易使她片面发展，这也是妈妈担心的。

一次偶然的机会，妈妈碰到了一位数学教授，她就把蕊蕊的情况简单说了一下，这位数学教授说："不是孩子不感兴趣，是你没把数学讲得生动，所以她才不愿意学。其实教数学可以像教音乐和绘画一样让孩子充满兴趣。"数学教授的话对她启发很大，回家之后她采用各种游戏的方法来教孩子学习数学，而蕊蕊还真的喜欢上学习数学了呢。

宋姐爱心课堂

现实中，应该很少有父母像蕊蕊妈妈那样，千方百计地使用各种方法，去激起孩子学习数学的兴趣，于是，一些父母要么就此放弃对孩子的培养，要么便是对其实施高压政策，对孩子造成不利的影响。

要知道，兴趣是最好的老师，也是学习的前提条件。想要让孩子学习他不感兴趣的东西，那简直比登天还难，有点像"赶鸭子上架"。因此，对于孩子不感兴趣的事物，我们不能采取强制的方法。

孩子对数学不怎么感兴趣，因为与音乐、舞蹈、绘画相比，数学是比较枯燥乏味的。这就需要家长们动脑筋想办法，千万不能强迫孩子。如果把数学变成游戏，这样孩子一定会有兴趣。斯托夫人认为，强制灌输的知识只能维持一段时间，而让孩子自发记住、学习的知识却能够记住很长时间。让孩子自发学习的最重要途径就是在游戏中学习、在玩耍中学习。

斯托夫人支招DIY

数学虽然枯燥无味，但找到合适的学习方法，就不会觉得枯燥了。孩子在学习数学的启蒙阶段，家长一定要运用游戏的方法引导孩子，让孩子对数学产生兴趣。

●从大自然中感受数学

生活中处处有数学，家长应该和孩子一起努力发现生活中的数学知识。例如，春天去郊游的时候，在欣赏风景的同时，可以有意无意地用数学来知识描述所见所闻。“哇，这公园的花五颜六色，真是美极了，有红色的、紫色的、粉红色的……我们一起来数一数，总共有八种呢！”在生活中慢慢地引导孩子，孩子就会逐渐学会用数学的眼光观察生活。

●和孩子一起学习数学

家长可以利用日常生活中的一些事情，来培养孩子对数学的兴趣。

例如，我们可以把豆子与纽扣放进盒子里，一人抓一把来数，比赛谁数得快；在吃苹果的时候，可以数数里面有几粒籽等。生活中到处都能学到数学，数学无处不在。

●和孩子一起运用数学

在生活中需要运用数学的地方很多，家长可以和孩子商量一起来运用数学。例如，在带孩子逛商场时，可以和孩子一起商量拿50元能够买些什么东西。家里来客人时，让孩子帮着数数需要准备多少碗、筷等。

斯托夫人小语

斯托夫人认为，孩子对数学不感兴趣，是因为教育方法不恰当，不够吸引孩子。为什么音乐、舞蹈、绘画等容易引起孩子的兴趣呢？如果数学能和音乐、舞蹈等一样生动，孩子还会没有兴趣吗？因此，当你的孩子对数学不感兴趣的时候，请不要放弃，也不要埋怨孩子，而是应该试着用一些游戏激发孩子的学习兴趣。只要父母肯动脑筋，想办法，就能想到适合自己孩子的游戏，从而激发孩子学习数学的兴趣。

孩子通过模仿电影和戏剧中的某些角色，能逐渐学会与人交往的一些礼仪知识。

——斯托夫人

阅读时间：25分钟　　受益指数：★★★★

学习礼仪，靠戏剧

父母应该尽可能地多带孩子去儿童剧场观看戏剧和电影，因为孩子都喜欢模仿别人，尤其是电影和戏剧中的人物。一直以来，人们对电影的看法各不相同，但从教育这方面来说，看电影也算是一种比较好的教育方式。

故事的天空

菁菁的妈妈是位教师，她经常会带菁菁去观看儿童剧和电影。

回家之后，菁菁和妈妈就开始表演电影或者儿童剧中的剧情。遇到角色不够的问题时，菁菁就拿玩具娃娃或者其他物品代替。

有一次，妈妈带菁菁去看了一部儿童剧——《国王和他的女儿》。这部儿童剧主要讲述的是一位聪明的公主怎样戏弄阿谀奉承的大臣的故事。回到家里，她们就开始表演剧中的情节。女儿来扮演公主，妈妈扮演其中一个善于阿谀奉承且贪得无厌的宰相。刚开始，她们是按照剧情演，可演到后来，菁菁就开始自由发挥了。但妈妈并没有阻止女儿，而是让她充分发挥自己的想象力。

女儿模仿着剧中的公主，挺胸抬头，看上去既神气又高贵典雅。她说：“宰相大人，虽然你蒙骗了我的父亲，但你蒙骗不了我。你的野心我早就看出来了，你居心叵测，谋权篡位的想法一直存在……”“不，亲爱的公主殿下，我一直以来都对国王忠心耿耿，哪儿敢有这种想法啊……”妈妈马上表现出心惊胆战的样子回答道。看着女儿，妈妈实在是憋不住了，就笑出了声。女儿立即说：“不准笑，你身为宰相，怎么能这么不严肃？”妈妈立刻怯懦地回答道：“哦，对不起，公主殿下，请您原谅，我并非有意。”“作为一个大臣，你这样不懂礼仪，真是有失大体啊！”女儿非常严厉地“训斥”了妈妈一顿，并开始“教”妈妈如何做到言行得体，不失礼仪。虽然女儿的“台词”早脱离了原本的剧情，但她依然保持着剧中公主的神态。

菁菁经常模仿这些剧情，她从中学会了很多，人们常常夸她有礼貌。

宋姐爱心课堂

通过这种模仿游戏，可以让孩子学到很多，比如幽默、勇敢、礼貌、快乐等。故事中的菁菁也正是因为经常模仿电影和戏剧中的某些角色，所以才懂得与人交往的一些礼仪知识。

虽然现在的父母管教孩子不怎么严厉，但教给孩子们一些礼节还是非常有必要的。如果孩子满口脏话，对人粗鲁无礼，不管是孩子的父母还是旁人，都会很心痛的。家长别只注重孩子智力的发展，而忽略了对孩子的礼仪教育，让孩子长大后变得粗俗无礼，无法与人友善相处和交流。

其实，教孩子礼仪与管教严厉与否并没有直接的关系，也与时代无关。无论是处于哪一个时代，孩子都应该懂得一些必要的礼仪，这样在为人处世方面才会更加游刃有余。

戏剧是最能激起孩子模仿力的媒介之一，好的戏剧可以引领孩子走上好的道路，而不适宜孩子观看的戏剧，则会给孩子的发展带来不好的影响。

斯托夫人支招DIY

现在有些孩子，一点儿都不注重礼仪，也不懂规矩。这种类型的孩子自然不受欢迎，而在亲朋好友眼里，这些孩子也是不讨人喜欢的。父母当然都希望自己的孩子是个懂得礼仪常识的好孩子，受人喜爱。那么，父母该如何教孩子学会礼仪呢？斯托夫人给出了以下几点建议。

●经常带孩子看优秀的儿童戏剧

通过优秀的儿童电影、戏剧等，让孩子从中学习人物的礼仪，利用这些引导孩子懂礼仪，认识礼仪的重要性。

●运用童书绘本

童书绘本中有很多寓言故事，以及许多人物角色，这些都能够启发孩子的同情心、爱心与正义感等道德情感，而且相较于和孩子讲道理，这是一种更加直观有效的方式，孩子也比较容易接受。

●言传身教

家长就是孩子成长中的一面镜子，所有的言行举止孩子都看在眼里，所以，家长要做到文明礼貌待人，才能培养出一个懂礼貌的孩子。比如，在日常生活中，遇到邻居应该打招呼，说声“你好”，得到邻居帮助的时候，也要对邻居说声“谢谢”，等等。孩子在这种耳濡目染之下，也会变得懂礼貌。

●给孩子明确的暗示

在日常生活中，父母一定要关注孩子所有的行为，并且要及时对相应行为做出反馈，该鼓励的鼓励，该责备的责备，明确告诉孩子哪些行为是不好的，哪些是值得表扬的。

斯托夫人小语

礼仪是一种道德规范，它是人们在长期的共同生活和相互交往中逐渐形成的，并且以一定的风俗、习惯和传统等方式固定下来。从个人角度来说，礼仪是一个人的文化修养、交际能力、思想道德水平的外在表现；从社会角度来说，礼仪是一个国家社会文明程度、道德风尚和生活习惯的反映。

第三章

父母应该把这些给予孩子

每个家长都希望自己的孩子能够成为在蓝天上自由翱翔的雄鹰，但是要让雏鹰变成雄鹰，就必须让它学会自己飞。要让它飞得远，飞得高，就必须教会它飞行的技巧。对于孩子来说，良好的习惯、美好的品德、优秀的性格以及自信心都是孩子飞翔的技巧，只有具备了这些素质，孩子才能自立于社会，才能在未来闪闪发光。

良好品质，让孩子拥有魅力人生

一个拥有正直品德的人，才会拥有真正的友谊，这对孩子的一生来说有重要意义。

——斯托夫人

阅读时间：30分钟　　受益指数：★★★★★

培养正直的孩子

正直意味着诚实、公正。让孩子拥有正义感，对孩子将来成功走向社会起到了很重要的作用。

故事的天空

5岁的磊磊是个非常有正义感的孩子，深得大家的喜爱。有一天，妈妈去幼儿园接磊磊时，看见他正跟班里一个大个子男孩在说些什么，旁边还站着一个瘦小的女孩。妈妈并没有去打扰他们，而是在一旁静静地观察。

只见磊磊严肃又平静地对大个子男孩说："你为什么抢她的零食？"

大个子男孩笑了笑："跟你有关系吗？我抢的是她的又不是你的。"

"不管你抢谁的都不应该，老师教我们要做一个爱护同学的好学生，不能以强欺弱。如果你继续这样，就交不到朋友，到时候只能孤零零地一个人，不是很可怜吗？"

大个子男孩最怕其他孩子不跟他玩，当听到他说自己会没有朋友时，就乖乖地把零食还给小女孩了，并说："我以后再也不这样了，你们不要不理我。"

小女孩接过零食之后，磊磊微笑着跟男孩握了握手，好像刚才的事没发生过一样。

回家的路上，妈妈对儿子的勇敢行为进行了表扬，磊磊说道："男生保护女生是理所当然的，再说这都是妈妈教得好啊。”

妈妈借此机会进一步教导孩子：“虽然这件事做得不错，但你不可以骄傲。对于自己认为正确的事情，要敢于坚持，对小朋友的错误和缺点提出批评和帮助时也要选用适当的方法；假如自己有错，就要主动承担责任，这样肯定能够得到其他小朋友的帮助和理解。”

磊磊听完妈妈的话，若有所思地点了点头。

宋姐爱心课堂

磊磊妈妈的教导，让磊磊明白了正直的重要性，同时也告诉磊磊，在指正他人错误的时候，只有选择恰当的方法，才能够收到较好的效果。

生活中，父母教孩子懂得如何坚持正义，对孩子养成正直诚实的品质有重要的意义。随着孩子渐渐地长大，人际关系也会越来越复杂，人际交往中最为重要的品质之一便是正直。所以，父母要教孩子做一个言行一致、率直可亲的人。

但是我们也经常看到，有些家长并不会正确引导孩子的正直。当自己的孩子跟其他孩子争吵的时候，往往会偏向自己的孩子，而不是询问吵架的原因，也不质疑孩子的做法。这样等于是在包庇孩子犯错，帮孩子隐瞒事情真相，还让孩子学会说谎。

如果家长都不教孩子正直做事的方法，那么孩子就会受到父母的影响，渐渐偏离正直的轨道。这就是现在很多小孩长大后都不知道正直是什么东西的原因。

在斯托夫人看来，正直是一个人立世的资本，是与人交往的前提，要想让孩子在社会上更好地生存，父母首先要让孩子懂得正直的意义。

斯托夫人支招DIY

到底如何才能让孩子拥有正直的品质呢？

● 从小培养孩子的正义感

在孩子还处在幼年的时期，家长就应该开始培养孩子的正义感，让孩子的心灵尽可能多地接受到真善美的滋润。

家长要告诉孩子，以强欺弱或以大欺小都是不对的。给孩子树立这样的理念后，还可以结合现实中的例子讲解给孩子听，这样就可以加深孩子对正义感的理解。

● 教孩子关心别人

教孩子从小就要懂得关心和体贴别人，这是培养孩子正直道德的感情基础。善良的道德情感包括：见义勇为、救死扶伤、助人为乐等。让孩子从关心体贴他人的实践中逐渐体会到做一个诚实正直的人的快乐。

● 向正直的人学习

家长可以多利用一些文艺作品来提升孩子的道德水平。可以购买一些与之相关的书籍，解说一些身边的真实事例，让孩子渐渐明白诚实正直是中华民族的传统美德，要求孩子从小就要做一个正直诚实的人。

面对孩子偶尔的“不正直”行为，父母应该正确对待孩子。碰到此类情况，父母要分析原因， 制定出合适的教育方案，让孩子的品德沿着健康的方向发展。

● 对孩子多一点了解

父母要多了解自己的孩子，对于孩子所提出的问题要符合他的个性特点，并督促孩子随时用诚实的标准来检验自己的言行，让其慢慢养成诚实、正直的良好品格。对于常常说谎的孩子，父母要让孩子从思想上意识到说谎是不好的行为，帮助孩子改掉爱说谎的毛病。

斯托夫人小语

孩子的正直意识，是在他的人生经历中逐渐学会的。培养孩子正直意识的第一任老师就是父母，因此，要培养正直的孩子，家长首先要做好表率、以身作则。

孩子在小的时候能做事情就已经非常了不起了，要想让他做到最好确实有点困难。但是，即使孩子做不到最好，父母也应该培养孩子的这个意识和习惯，让他在做事情的时候就会想到自己应该做到最好。

——斯托夫人

阅读时间：25分钟　受益指数：★★★★

争取把事情做到最好

很多人做事马马虎虎，所以人生也马马虎虎，平庸无奇的一辈子就这么过去了。而有的人，从小就养成不达目的不罢休的习惯，争取把每一件事情都做到最好，量变导致质变，他的人生一点一点地走向了成功。

故事的天空

琪琪是一个十分要强的孩子，四五岁的时候就要求自己不管做什么都要做到最好。他不同于其他的孩子，因为孩子的天性就是贪玩，很少有孩子能把自己的事情做好，更何况是能力范围之外的事情呢？

这一天，幼儿园举行了一场钢琴比赛。在比赛之前，各个孩子的父母也会全部到场助阵。

老师规定孩子们在比赛的时候，可以自己任意挑选曲目，也可以重复弹奏同一首曲子，直到孩子自己满意为止。有七八个孩子参加比赛，这些孩子年纪都很小，对于他们来说，能够完整地演奏出一首曲子就非常了不起了。孩子们的热情很高，选好了自己的曲子，一一坐在钢琴前为大家演奏。有的弹奏入门练习曲，有的弹奏儿歌或民谣，有的弹奏一两条音阶。

其中有一个叫诚诚的小孩完整演奏了一首简单的曲子，中间没有出现任何错误，所有人都为他欢呼。

“琪琪，你看诚诚多厉害啊，不仅弹奏了整首曲子，还这么流畅！”妈妈示意琪琪向诚诚学习。琪琪也认为他弹得很好，并且悄悄地对妈妈说，“妈妈，我也能弹得很好。”

琪琪的好胜心被诚诚激发了，妈妈嘱咐琪琪不要紧张。琪琪听了妈妈的话，点了点头。

没过多久，琪琪上场了。刚开始，琪琪因为紧张，弹错了几处，很不流畅。妈妈一直用鼓励、支持的目光注视着琪琪。琪琪感受到了妈妈的鼓励，立刻鼓起勇气，从头弹起。

这一回，琪琪抛开了杂念，一心一意地弹奏自己的曲目，当最后一串音符流出的时候，全场爆发了热烈的掌声。

后来，妈妈问琪琪为什么会突然间弹得那么好，琪琪说：“台下那么多双眼睛盯着我，我怎么能演奏得那么糟糕呢？于是我就在心里偷偷地对自己说，我是最棒的，我一定能够将这件事情做好。”

宋姐爱心课堂

正是因为琪琪心中有了“我能做好”的信心，最后才演奏得如此完美，这就告诉人们，只要你抱着把事情做到最好的念头，结局总不会太坏的。所以家长应该从小培养孩子做事情做到最好的意识。

有很多孩子，做事情都是马虎应付，很少认真对待某一件事情。在小孩子看来，做不好也没有什么关系，毕竟自己的年龄在那摆着，家长不会说什么的。也正是这种思想，让孩子在以后的人生中付出了沉重的代价。

对孩子来说，坚持做好一件事是非常不容易的。成功对于人们来说，并不是做惊天动地的大事，而是坚持把身边的每件事，尽自己的努力做到最好。孩子要养成积极的心态，踏踏实实地把每件小事做好，从上好一节课，做好一次作业、一节体操做起。习惯是在潜移默化中养成的，虽然孩子年纪小，做事比较随意，但是可以在父母的引导下慢慢改变。

斯托夫人说要把孩子培养成一个有勇气的人，让孩子能够把事情做到最好，这听起来是一件很难的事情，但是只要严格要求自己，每个孩子都能做到。

斯托夫人支招DIY

斯托夫人根据自己多年的教子经验，给出了一些建议，帮助孩子把每一件事情都做到最好。

●加强孩子的意志锻炼

培养孩子渐渐养成有始有终地做好每一件事的良好习惯。让孩子做些力所能及的事，在做事之前，父母要让孩子明白为什么做这件事，引起做事的兴趣。

●鼓励孩子，适当地夸奖孩子

当孩子辛苦地完成一件事的时候，要及时表扬他，孩子就会产生满足和快乐的感觉，一直坚持把事情做到最好。此外，当孩子遇到困难想要放弃的时候，父母要鼓励孩子，适度地提出建议，积极分析遇到的问题，但不能训斥孩子，以防打击孩子的积极性。

●帮助孩子找到兴趣所在

孩子不可能把每一件事情都做到最好，有些事情孩子不感兴趣，即使父母用尽各种办法，孩子也不能把事情做好。比如在学习中遇到这种情况时，父母不应该强迫孩子去学习，而是要积极找寻孩子的兴趣所在，找到了孩子的兴趣，学习也就不是难事了。

斯托夫人小语

斯托夫人认为，如果从小培养孩子争取把事情做到最好的习惯，长大之后，他就会把这个习惯带到自己的工作和生活中，坚持不懈，执着追求，会努力把每一件事情都做到最好，这样，他的人生才会更加美好！

不管你是一个男人还是一个女人，只有善待他人你才能配得“上”人这个名字。一个真正英勇的人，并不是用手中的拳头来解决问题的。

——斯托夫人

阅读时间：30分钟　　受益指数：★★★★★

让孩子善待他人

有些孩子从小就目中无人，父母也不加以纠正，长大之后，很没有礼貌教养，人际关系很糟。这样的小孩走入社会之后，肯定不会受到别人欢迎的，而他的人生也就别提“成功”二字了。

故事的天空

飞飞6岁了，父母为了培养他的独立能力，便让他周日去街上卖花，当然，母亲会在不远的地方看着他。

有一次，飞飞来到一个超市门口，向一个正要开车离开的人兜售鲜花。这个人脾气非常暴躁，他很厌恶地对飞飞说：“闪开，小不点儿，拿走你的花，我不需要。”飞飞听了之后，小脸顿时一红，他低声说道：“对不起，先生，打扰了。”然后转身飞快离去了。

当这位先生刚刚开到转角处的时候，车子却出了故障，怎么也发动不起来了。修理了一会儿还是不行，他只好下车去找拖车帮忙。就在这时，迎面竟然开来了一辆拖车，并且停在他的旁边，这位先生很是惊讶。

拖车司机告诉他："有一个小男孩付了钱，要我前来帮助您，并且还留了一张纸条。"这位先生打开纸条后，看到上面写着："叔叔，这也代表一束鲜花。"他看完之后，很是惭愧。他拿着纸条又飞快地跑到超市，找到飞飞后，很真诚地向飞飞道歉，并且还买了一束花，说要将这束美丽的花送给自己的爱人。

走在回家的路上，飞飞受到了妈妈的表扬，她说："儿子，看你刚才的举动，真的很让我高兴，那位先生那样对待你，你竟然还能心怀善意地对待他，真是好样的。"飞飞却回答说："妈妈，你平时不是教育我要善待他人吗？再说，那位叔叔可能真有急事呢，他后来向我道歉了呢，绝对不是什么坏人。"

飞飞妈妈摸摸他的头说："儿子，你真的长大了。"

宋姐爱心课堂

飞飞在面对陌生先生的训斥时，并没有转头就走，也没有号啕大哭，而是很礼貌地给那位先生道歉，并且还为他叫了一辆拖车，帮了他一个大忙，最后用自己的善心感动了他。

善待他人，便是教育孩子用自己的善心、爱心和责任心去面对世界上的每一个人、每一件事。只有学会善待他人，才能够更好地融入人群，得到别人的友谊、支持、谅解和关注；只有学会善待他人，才能调整好失衡的心态，把自己从孤独的境地中解救出来；只有学会善待他人，才能让你的人生道路充满快乐和幸福，让你的人生充满机遇，并走上一个充满希望、光明的未来。

父母应当将善心根植于孩子的心中，让孩子善待他人，培养孩子善良的优良品质。要知道，在现代社会中，只有那些善良的人才会受到人们的尊重和赞美；只有那些善待他人的人，才会有一个美好的未来，才会有一个很好的发展。

斯托夫人认为，孩子能否与人为善，在很大程度上取决于父母是否能够与人为善，是否给孩子树立了一个好的榜样。父母对别人如何，孩子就会学着父母的样子如何对别人。因此，若父母想要有一个与人为善的好孩子，首先自己就要做到与人为善。

斯托夫人支招DIY

父母是孩子的第一任老师，孩子的言行举止都向父母学习。父母是孩子的榜样，那么父母要怎么样才能教会孩子善待他人呢？

●父母要教会孩子公正地对待他人

人与人之间总是会发生冲突，有的时候是别人的错，有的时候是自己的错。当孩子犯错误的时候，父母不能袒护孩子，而是要了解事情的原委，让孩子反省道歉。

●父母要教会孩子平等对待他人

父母在孩子很小的时候，就要教会孩子尊重他人，平等地对待他人。以免孩子长大之后目中无人，总是觉得自己高人一等。

●父母要教会孩子以诚待人

有人认为，现在人与人之间的交往缺少真心，只有相互利用。父母要教会孩子以诚待人，当你真诚地对待别人的时候，才会遇到真诚对待你的人，所以受益的还是你自己。

●父母要教会孩子与人合作

在当今这样一个需要合作的社会中，人与人之间形成了互动的关系。只有善待别人，才能处理好人际关系，从而获得和他人合作的机会。

●父母要教会孩子勇敢打开心扉

父母的言行很重要，父母首先要向孩子敞开心扉，信任孩子，孩子才会向父母、向别人敞开心扉。

斯托夫人小语

一个懂得忍让、时时刻刻都会考虑他人的利益、善待别人的人，在他的人生中，也会得到很多人的帮助，拥有一个幸福人生。

勇敢承担责任是一种态度和本领的象征。

——斯托夫人

阅读时间：30分钟　　受益指数：★★★★★

唤醒孩子心中的那份责任感

孩子将来能够立足于社会、获得事业成功和家庭幸福的非常重要的一个人格品质就是责任感。责任感是孩子健全人格的基础，是孩子能力发展的催化剂，责任感对孩子来说至关重要，作为父母，应该注意从小培养。

故事的天空

4岁的帅帅是个比较调皮的孩子，不过却很讨人喜欢。有一天，妈妈带着帅帅去朋友家做客。妈妈再三叮嘱帅帅，去别人家玩可不能像在自己家里一样，随意乱动别人的东西，那样是不礼貌的。但是好奇心特别强的帅帅，根本管不住自己探索新鲜事物的欲望，所以总是东瞧西望，看到好玩的东西还得上去摸一把。

妈妈与朋友正在聊天，突然听见“嘭”的一声，妈妈心想坏了，肯定是小家伙又捣乱了，于是赶紧走过去。还好花瓶的位置并不高，所以帅帅并没有受伤，只是把地板弄湿

了。妈妈把碎片清理干净后，又向朋友借了拖布让帅帅清理地板，并且对帅帅说："这是你犯下的错误，男子汉就应该敢于承担才是。"

等帅帅清理完残局后，脸上已经冒出了细细的汗珠。妈妈又让帅帅向朋友正式道歉。帅帅说："阿姨，真对不起，把你家花瓶打碎了。这只花瓶多少钱？我把自己的零用钱拿来赔偿给你。"

朋友微笑着摸了摸帅帅的头："真是个可爱的孩子，看在你勇于承担责任的份上，又跟阿姨道歉了，就不用赔偿了，但以后做事可要注意一点，打碎花瓶是小事，若是不小心把自己砸伤了，那可就不好了。"

帅帅点点头，又说道："谢谢阿姨的提醒，不过我还是要给你赔偿的，否则就是男子汉说话不算话。"朋友没有办法，最后只好收下了帅帅送来的零用钱。

宋姐爱心课堂

让孩子承担自己做错的事的责任远比妈妈替他负责更重要。帅帅认识到了自己的错误，并且还明白了做人要承担责任的道理。帅帅妈妈在帅帅闯祸后，并没有急着帮助帅帅赔偿，而是让帅帅自己承担责任，这不但有利于培养孩子的责任感，还能帮助孩子养成积极自律的观念、自觉遵守规则的习惯。

责任感的培养需要通过孩子自身的实践与体验，当孩子拥有了某些能力时，父母就该让他承担自己所做的相应事情的责任。可是，孩子做事更多的是注重行为的过程，并不是重视自己的行为结果。因此，父母要培养孩子的责任感，就要让他们养成对自己行为负责的习惯。

父母要教导孩子不仅要对自己负责，还要对父母负责、对家庭负责。比如，在爸妈过生日时，要向爸妈问好，也可以为他们送上一张自己亲手制作的小卡片或自己准备的一个小礼物；而在自己过生日时，要感谢父母，让他拥有了生命。

父母还要告诉孩子要对集体和社会负责，在家以外的地方，也要注意甚至更应该注意培养孩子的责任感。让孩子对自己的某些行为所造成的不良后果设法去补救，例如孩子损坏了其他人的玩具，父母应该让孩子买个新的还给人家，倘若对方对此并不计较或者不好意思接受孩子的赔偿，父母也要坚持让孩子给予对方补偿，这样可以让孩子知道，自己造成的不良后果，就该由自己去负责。

斯托夫人支招DIY

一个人的责任感不管是在工作上还是在家庭上都是非常重要的，那么如何培养孩子的责任感呢？斯托夫人给了以下建议。

●父母适当地向孩子“示弱”

日常生活中，父母可以适当地向孩子“示弱”，用自己对某些事情的“无能为力”来激发孩子的责任感。当孩子发现父母有困难而自己又恰巧能够解决时，他会非常乐意去帮助父母，因为这能显示出自己的力量和能力，既可以培养孩子的爱心，也能让他体会到父母的感受，让孩子知道再强大的父母也需要他的关心和照顾。不仅如此，当孩子完成某件事情的时候，父母要给予及时的鼓励，让孩子体会到负责任带来的快乐与成就，这能够激励孩子不断地往这方面去尝试。

●让孩子承担家务活

孩子不但有享受的权利，也应承担一定的家庭责任，包括建立家庭中的岗位，承担一定数量的家务。父母可以通过期望、鼓励、奖惩等方式，督促孩子履行自己的职责，以此培养孩子的责任心。假如孩子在家庭中的责任心很难确立，那么，将来走上社会后，也很难向社会层次的责任心过渡。

●让孩子对自己的行为负责

父母在孩子做某件事时，可以提前为孩子打“预防针”，给孩子分析这件事所带来的后果，并要为这个后果负责，让孩子清楚自己的事只能自己埋单，否则就会受到一定的惩罚。这样，就会让孩子明白什么该做什么不该做。

●教孩子但不代替孩子去完成

对于孩子不懂的事情，可以教他，但不能代替孩子去完成。例如，对于学校布置的一些课外任务或作业，包括一些手工制作等，父母可以指点一下，然后让孩子自己去完成。当孩子写完作业后，让孩子自己收拾作业以及整理书包。

如果孩子没有认真完成父母所安排的事情，父母一定不要代劳，应该让他重新或继续完成，这样，孩子才会知道责任是什么。让孩子敢于面对难题，敢于负责任，敢于想办法解决，相信自己一定能行。

斯托夫人小语

斯托夫人认为，生活中父母要给孩子独立完成某件事的机会。让孩子知道做事情应有始有终，以培养孩子持之以恒、认真负责的良好习惯。父母要时刻做个有责任感的人，因为孩子最主要是接受父母的道德观念，所以父母要时刻注意自己的言行，给孩子树立一个良好的榜样。

切忌浮夸铺张。与其说得过分，不如说得不全。

——斯托夫人

阅读时间：30分钟　　受益指数：★★★★★

脚踏实地、谦虚做人

说大话的时候别人会鄙视你，甚至会为自身带来灾祸，所以每一位父母都要教育自己的孩子不说大话。

故事的天空

轩轩对自己的幼儿园生活十分满意，那里有许多同龄的小朋友，还有很多温柔的老师，唯一让他觉得不舒服的，就是同班的傲傲。

说起傲傲，这名字真不是白起的。他的爸爸是市里最大的房地产开发商，妈妈又是出色的大提琴演奏家，所以这孩子从小就有着很强的优越感。

上课的时候，每当老师要小朋友们举手回答问题，傲傲都要自己先说，要是老师让别人先回答了，他马上就会不开心，甚至还说：“怎么不让我先说？小心我告诉爸爸，再让爸爸告诉你们园长，辞了你！”

自由活动的时候，轩轩和同班的小朋友也不太愿意和傲傲一起玩，因为他总是要拔尖儿，滑滑梯要先让着他，荡秋千要先让着他，甚至几个孩子玩捉迷藏他找不到人都要大发脾气。

傲傲小小年纪，总是把这样的话挂在嘴边：“我爸爸是大老板，你们可要小心了，惹我不高兴就收拾你！”

宋姐爱心课堂

傲傲才刚刚上幼儿园就这样出言不逊，在今后的生活中也难免吃大亏。

说大话是一种自大自满的浮夸。作为父母，一定要让孩子记住：在一个人说大话的时候，就会失去其应有的谦虚以及向上的念头。说大话的时候别人会鄙视你，甚至会为自身带来灾祸。因此，每一位父母都要教育孩子不要说大话。

斯托夫人的人生目标是很简单、很实际、很清晰的，绝对不会浮夸说大话。除此之外，她还教育孩子要学会谦虚这一美德。即使是一个贤人，如果他炫耀自己的知识，那么他还不如一个无知的愚笨之人。

一个人在自大自满的时候是最容易犯错的。因此，虽然自大不是一种罪行，但却是一种愚昧。有很多人总以为自己是世界的中心，但是周围的人却不那么重视自己，所以他极其讨厌别人的漠不关心，同时更为自己没有达到更高的目标而悲愤不已，于是就产生了自我厌恶的情绪。在斯托夫人看来，这也是自大的一种。这种自我厌恶和虚荣心是互为表里的。

如果自己的内心已经被自己占满，就再也不会有留给别人的地方了。因此，在夸奖别人之前，绝对不要夸奖自己。

中国有一句古语：“满招损，谦受益。”意思是说，骄傲招来损失，谦虚受到益处。谦虚是会让人不断进步的，也是获得成功的一个重要的内在因素。

斯托夫人支招DIY

那么作为父母，该如何教导孩子成为一个谦虚的人呢？

●让孩子知道骄傲的危害

父母应该让孩子知道谦虚使人进步，骄傲使人落后的道理。谦虚的人会不断向他人学习长处，接受新知识和新事物，从而让自己不断进步；而一个骄傲的人，很容易因为一点成绩便止步不前、骄傲自满，不把他人的优点长处放在眼里。

孩子的辨别能力低，在取得一点小成绩的时候，便开始扬扬得意，并且将这种情绪理解为自信，父母应该及时引导，让孩子明白自信和骄傲的区别，给孩子讲解骄傲的危害。

●帮助孩子全面认识自己

孩子之所以会产生骄傲的情绪，最主要的就是其自身是有某方面的长处和优势的，而父母应该帮助孩子找到产生骄傲的根源，比如学习成绩好、美术好、长得漂亮等，然后再让孩子明白“山外有山，人外有人”。

此外，孩子不正确的比较也会引起骄傲的情绪，例如拿自己的长处和他人的短处相比较，最后自然是自己略胜一些，自认为自己是最好的，从而产生了这种不好的心理。

父母应该积极引导孩子走出这个狭隘的小圈子，给他们多讲解一些历史名人的成就，以此来充实孩子的大脑，让骄傲化为前进的动力。

●让孩子勇敢接受批评建议

有些孩子，成绩好一点便不把老师和同学放在眼里。这个时候，父母应该指正批评孩子，并且让孩子明白，只有敢于接受别人批评建议的人，才能够清楚地认识到自己的缺点，从而不断发展和完善自己。

●不要过多地表扬孩子

为了避免孩子骄傲自满的情绪，教育家卡尔·威特先生就十分注意孩子谦虚性格的培养，并且尽可能地避免他人轻易表扬自己的儿子。在日常生活中，很优秀的孩子往往经不得过多表扬，过多的表扬就是导致孩子骄傲心理的原因。所以，父母在表扬孩子的时候，不要表扬孩子本身，应该表扬孩子的某一件事情或者是行为。

说大话的时候别人会鄙视你，甚至会为自身带来灾祸。聪明的人懂得暂避锋芒，这也是最基本的处世技巧之一。

爱虚荣的孩子，都是内心比较脆弱的表现。因此父母要告诉孩子虚荣真正的危害，并培养孩子内心的坚强，双管齐下必能有不错的收获。

——斯托夫人

阅读时间：30分钟　受益指数：★★★★

不做爱慕虚荣的孩子

孩子希望得到其他人的认可，原本是一件不错的事情。但如果他们跟随社会上不良的奢侈风气，盲目攀比吃穿却是不可取的，这是孩子心理不坚强的一种典型现象。做家长的，要采取灵活多变的教育方式，多观察和表扬孩子的优点，并告诉孩子虚荣心所带来的不良后果，正确对待虚荣心。

故事的天空

5岁的丹丹是个爱漂亮的女孩，每次出门前，都要把自己好好打扮一番，才愿意出去玩或是去上学。

有一天，妈妈去学校接丹丹放学，等了半天都没有看到丹丹的人影。等同学们都走得差不多了，丹丹才慢慢走出来。妈妈走过去问："宝贝，怎么了？今天好像不太开心啊。"

没想到丹丹冒出的第一句话却是："妈妈，我可不可以换个爸爸？"

孩子的这一句话，把妈妈吓了一大跳。才5岁的孩子，怎么会问这么奇怪的问题？于是就温柔地问丹丹："爸爸对你不好吗？你看你的书包，你穿的漂亮衣服可都是爸爸帮你买的呢。”

丹丹好像很委屈地说：“那我可不可以再多要一个爸爸呢？”

妈妈被孩子的话震住了，不知该如何回答，也不知道孩子为什么如此纠结她爸爸的事。虽然她爸爸只是个普通的技术员工，但是对女儿可真的没话说。不管是漂亮的衣服、漂亮的鞋子，还是好玩的玩具，只要丹丹喜欢，她爸爸肯定会给她买下来的。

妈妈记得上次女儿对她爸爸说，为什么别人家的小朋友都是爸爸开车去接他们的，而她却要坐公交车回家？她爸爸当时想了想回答说：“坐公交车多环保啊，我们应该做一个低碳环保的人。”虽然他也知道女儿的想法，但凭自己现在的经济能力，只能够家人吃饱喝足。为此，他还觉得对孩子有所亏欠，所以更加努力地工作。

妈妈心想：难道女儿是在为这事而对她爸爸“怀恨在心”吗？后来才知道她在跟班里的同学攀比谁家的爸爸最厉害，同学家的爸爸给孩子买名牌衣服，让孩子背名牌书包，玩最先进的玩具，开最豪华的轿车来接送孩子上学。这些对原本好强的丹丹来说影响不小，怪不得会说出那样的话。

妈妈并没有把这事告诉丹丹爸爸，而是向丹丹讲了爸爸的优点。丹丹听了之后，才默默地点点头。

宋姐爱心课堂

丹丹的这种想法在日常生活中并不少见，父母省吃俭用供孩子上学，给孩子提供好的学习环境，而孩子却盲目攀比，不了解父母的良苦用心。这样不仅加重了他们的精神负担，还对身心健康有极大的影响，并且还可能助长他们养成弄虚作假的坏毛病。

斯托夫人认为，父母想要消除孩子过分的虚荣心并不是一朝一夕的事情，只有父母在日常生活的点点滴滴中，注意自己的一言一行，给孩子树立正确的示范，并且通过合适的机会让孩子明白过度的虚荣心所带来的烦恼和痛苦，这样才能够从根本上消除孩子爱慕虚荣的错误心理。例如，孩子在买不到喜欢的衣服、文具或者玩具的时候，总会抱怨父母无法给自己更好的生活。当父母发现孩子的这种行为时，就应该提起十二分的注意，要耐心、细心地为孩子讲解虚荣心的害处，正确引导孩子认识虚荣心。

斯托夫人支招DIY

家长容易觉察孩子表面上的“虚荣”表现，但是却很难发现孩子在学习方面的“虚荣”表现。如孩子上课时不敢回答老师的问题，担心受到同学的嘲笑或老师的歧视；参加学校的活动时，也害怕自己拿不到名次而觉得丢“面子”。长此以往，一次又一次地错过了锻炼的机会，最后导致迷失自我。为此，家长应该找到正确的方法来端正孩子对待“虚荣”的态度。

●订立规则

如果孩子读书了，就可以跟孩子订立一个购买计划，本学期需要买几本书，买一两套衣服，但是价格在200元之内；每个月只允许买一个玩具；学期末根据成绩决定是否奖励等。订立这些规则的同时还可以教孩子如何理财，让他懂得珍惜和节约，明白任何东西都是来之不易的。

●将攀比转化为成长的动力

孩子有攀比的现象，说明孩子有竞争的心理，家长可以抓住孩子的这个特点，进行正确的指导。如孩子已经读二年级了，却还要跟父母一起睡觉，这时家长可以说：“帅帅现在长大了，都读二年级了，假如你同学知道你还跟父母一起睡，可能会被他们嘲笑的。”这样孩子就会比较容易接受了。

●巧妙利用典故引导

正确对待孩子的攀比心理，让孩子认清虚荣的危害，家长可以利用孩子爱听故事的特点，买一些孩子爱看的励志方面的书籍，如凿壁借光、孔融让梨等。引导孩子以故事中的人物为榜样，向他们学习。这样让孩子形成正确的价值观，从而让孩子远离攀比虚荣的坏习惯。

当然，家长还可以培养孩子多种其他的爱好，转移他们的注意力，这样就不会局限于跟其他同学攀比了。

斯托夫人小语

不管是谁都会有爱慕虚荣的心理，当然孩子也不例外。但是，假如让虚荣心任意地扩大，就会使得孩子逐渐走上撒谎欺诈、贪图享乐甚至是少年犯罪的道路。

会做事，那么孩子就成功了一半

我的事情我来做，不仅有利于培养孩子的独立性，而且对孩子以后的生活也会产生很大的积极影响。

——斯托夫人

阅读时间：30分钟　　受益指数：★★★★★

自己的事情自己做

要想让孩子尽早独立，那么父母一定要放手让孩子亲自去体验，亲自去感受，才能达到更好的效果。如果家长把孩子能完成的任务都代替了，不仅剥夺了孩子学习的能力，更是剥夺了孩子的自尊心。

故事的天空

早晨，温暖的阳光透过窗子照射到豆豆温暖的小床上，2岁的豆豆一起床就开始寻找放在自己床头边的衣服。

一个星期之前，豆豆就已经开始尝试自己穿脱衣裤了，虽然有时忙活半天，还是没把衣服穿上去，但是她却乐此不疲。当妈妈走过来帮忙时，只听见她嘴里说道“不要，我要自己来”，以此来跟妈妈表明“自己可以做到”。

豆豆穿好上衣后，自己还要穿裤子，于是爬起来伸手把那条黄色的裤子抓过来，然后坐在床上把脚套进裤子里，那动作别提多可爱了。经过不断地练习，这次并没有再把两只脚放到同一个裤脚里了。但是在最后穿那件黑色套头衫时，不管豆豆如何努力就是穿不上去。

妈妈走过来，看着满脸通红的豆豆，安慰地说：“小宝贝儿，不着急。”说完，妈妈帮着豆豆把套头衫平整地放在床上，边指着衣服边引导她说：“首先把头钻到上面的这个‘大口’里，然后再把手依次伸到旁边的‘小口’里，你看这样是否穿好了呢？”

豆豆在妈妈的指引下，最终自己把衣服穿上了。看着她那神气又自豪地向妈妈展示自己穿衣裤的成果时的样子，妈妈感叹道：“自己的事情自己做，真是了不起的小家伙啊！”

宋姐爱心课堂

孩子生活自理的第一步就是学会穿脱衣服，刚开始都会和豆豆一样，花费很长时间都穿不上，有些妈妈就会认为这样很浪费时间，于是便走过来帮忙。如果这样做的话，就不利于培养孩子自己做事的能力。所以，每一位父母都应该向豆豆的妈妈学习，只是适当地指点孩子，而不是帮孩子去做。

一个有智慧的妈妈，不会充当孩子成长道路上的绊脚石。但是在现实生活中，有些父母总想等孩子再大一点时，再让他去做这些事情。

斯托夫人认为，教孩子自己穿脱衣服是非常单调乏味又不容易的工作，家长需要付出比给孩子穿衣服和喂养孩子更多的耐心。

在家长眼中的小事，对孩子来说往往是大事。2—3岁的孩子正处于好奇心特别旺盛的时期，喜欢亲自动手去尝试做某些事情，家长若能及时地引导孩子，一定可以收到事半功倍的效果。通过孩子穿脱衣服的行为，不仅能让孩子掌握生活的技巧，还能发展自身的协调能力，协助他们了解身体的结构，培养孩子对自己的责任感，增强孩子独立的自信心，大脑也会变得越来越灵活。

斯托夫人支招DIY

孩子自己穿脱衣服，说明他们正逐渐脱离父母的帮助迈向独立。因此教孩子穿脱衣服，不仅是为他们的成长提供助力，而且还让他们形成自己的事情自己做的意识，那么到底如何来培养孩子自己的事情自己做的意识呢？斯托夫人给出了以下几点意见。

●让孩子有成就感

培养孩子动手做自己该做的事的能力，让他们从所做的事情中得到自己想要的成就感。例如，孩子表现出强烈的穿鞋子的欲望时，家长要及时满足孩子，并教给他们正确的技巧和方法，帮助和指引孩子如何学会穿鞋子。

如果一开始没做好，也是很正常的，家长需要有耐心，多指引孩子正确的方法，提高孩子对自己所做事情的兴趣。真正爱孩子的家长，不会让孩子失去亲自动手的机会，更不会扼杀孩子获得成就感的机会。

●先易后难的准则

孩子刚开始做一件事时，总会显得笨手笨脚，但这是他们学会自己事情自己做最重要的一步，家长可以采取先易后难的准则来帮助孩子跨出这重要的一步。比如，教孩子穿脱衣服时，最好从夏天开始，让孩子先学会穿短裤、袜子、小背心，随着孩子对自己信心的增加，根据天气变化，依次增加衣服，这样对孩子来说，就比较容易接受。此外，最好给孩子提供比较宽松有弹力的衣服，这样更有助于孩子学习。

●跟孩子一起做

孩子每天起床的第一件事情，便是穿衣服，父母为了让孩子自己的事情自己做，可以从培养孩子穿衣服开始。通常来说，应该先教孩子学会如何脱衣服再学会穿衣服，因为脱比穿更容易些，穿好衣服后在镜子面前看看有什么不整齐的地方。在这些过程中，父母可以陪同孩子一起做，当然也可以从洗脸刷牙方面开始，让孩子渐渐清楚自己的事必须自己做，跟父母一起做这些事情，还会增进亲子关系呢。

斯托夫人小语

家长不要剥夺孩子生活自理的权利，虽然只是简单的穿脱衣服或刷牙洗脸，但是在这些过程中，却能增强孩子的肢体协调能力，还会提高孩子生活自理的能力。因此，家长应该学会适当地放手，让孩子学会自我管理的能力。

一个孩子有那么多的业余爱好，那么他学习的时间都是从哪里来的呢？一般来讲，人们都会有这样的疑问。应该说，孩子的业余爱好太多，的确有可能给正常的学习带来一定的影响，但是，我觉得只要合理安排好学习和爱好的时间，让孩子养成良好的学习习惯和高效的做事风格，那么，即使学习的科目和业余爱好再多，也不会互相影响。

——斯托夫人

阅读时间：30分钟　　受益指数：★★★★★

做所有事情都要专心

有人做事三心二意，常常虎头蛇尾；有人业余兴趣广泛，但都不精。从小没有养成做事专心的习惯，长大之后，常常受到外界的影响，不能坚持做完、做成一件事。虽然人的一生很长，但是这个坏习惯却让很多人都一事无成。

故事的天空

正正两三岁的时候好奇心非常重，什么都喜欢尝试一下，但是却无法专心做一件事情。

有一次，正正在房间里摆弄着他的宝贝，忙得不亦乐乎，他一会儿翻书看，一会儿拿起画笔在纸上涂几下，一会儿又去弹钢琴。虽然他很忙，但是却什么都没能做好。后来，他失落地跑到妈妈的跟前喊道：

“妈妈，我不想再学了。”

“不想学什么了？”妈妈问。

“什么都不想学了。”

“怎么了，发生什么事了？”

“学那么多东西，我要发疯了，真是太烦人了！”

“学习是好事，怎么会让人发疯呢？”

“该学习的东西太多了，我看书的时候，想着还没有画画，刚画了几笔，又想着该练钢琴了。”

“那你为什么不做好一件事再做另一件呢？”

“可是我怎么会有那么多的时间啊？”

妈妈看到正正急切的样子，认为要先教会正正合理安排时间，只有时间安排好了，他才会平静下来，而不是这么浮躁。

于是妈妈说：“怎么会没时间呢？你打算每天用几个小时来学习功课？”

“两个小时。”正正回答说。

“画画和弹琴各用多长时间？”

“画画和弹琴各用一个小时。”

“你看，你学完所有的东西一共才用去4个小时。我们每天都有24个小时，除了睡觉、吃饭、玩游戏，你的时间还很充足啊！你太着急了，不能集中注意力只做一件事情。当你看书的时候，就一心一意地看书，当你弹琴的时候，就一心一意地弹琴。”

后来，正正按照妈妈说的话做，心里再也不急了，而且很顺利地就把事情做完了。就这样，正正一点点养成了专心致志的好习惯，不会轻易受到外界事物的干扰。

宋姐爱心课堂

正正因为无法专心做一件事情，而有了放弃学习的打算，后来在正正妈妈的开导下，才逐步认识到合理安排时间的重要性，从而养成了专心致志的好习惯。

有很多家长因为孩子注意力不集中，不能专心学习而着急。不过，有些时候也是家长给孩子做出了坏榜样，当孩子专心做一件事的时候，比如孩子正在看童话书，家长一会儿给孩子喂食，一会儿和孩子说两句话，一会儿给孩子水喝，孩子的注意力都随着父母的关切转移了，不能再一心一意地看书了。

马克思说：“天才就是集中注意力！”只有集中注意力，才能专心地学习和吸收知识，智慧的阳光才会洒满心田。父母要在孩子的日常行为中，比如玩耍、吃饭，在与孩子的互动中培养做事情的专注力。当孩子画画的时候，千万不要打扰他，而是在他的旁边做出一个好榜样，周围的环境安静下来，孩子的心也会安静下来。

斯托夫人认为，人的习惯不是天生的，而是在生活中一点一点养成的，好习惯和坏习惯都是如此。如果父母想让孩子养成好的习惯，就应该采用正确的方法，耐心细致地引导孩子。

斯托夫人支招DIY

那么，父母如何才能让孩子做事情专心呢？

●和孩子沟通，讲道理

面对三心二意的孩子，要用平和的语气给孩子讲道理，给他提出建议，先做完需要学习的事情，比如看书、练琴，剩下的时间心里就会很轻松，这样再做别的事情或玩耍时，就会感到很自由，玩得更高兴。

●教会孩子专心的方法

孩子不知道如何做才能专心致志，很多时候注意力不自觉地就会转移到其他事物上面。这个时候，父母要在旁边提醒，告诉孩子眼睛、耳朵、手都要放在该做的事情上面。父母还要让孩子适度休息。

●陪伴孩子

在孩子学习早期，对学习的注意力和专心程度是比较低的，父母在旁边陪伴是一种鼓励和支持。

●给孩子讲故事

孩子都喜欢听故事，你可以给孩子讲一些伟人专心致志学习和工作的生动故事，比如张海迪、爱迪生等，鼓励孩子向他们学习。

●灵活安排学习时间

很多孩子都喜欢看电视，针对适合孩子观看的电视节目，父母应该合理安排孩子的学习时间，赏罚分明。

斯托夫人小语

如果一个人做事情的时候总是三心二意、心情浮躁，就永远都不可能把事情做好。要想养成专心致志的良好习惯，就必须从小做起。

人不是天生就有耐心的，它需要培养。

——斯托夫人

阅读时间：30分钟　　受益指数：★★★★★

耐心是孩子成功的前提

人们将耐心看作是衡量一个人心理素质优劣的标准，对孩子来说也是如此，可是，孩子毕竟只是孩子，通常都缺乏足够的耐心和自制力。所以，作为家长，要担负起培养孩子这方面素质的责任，从每一件小事下手，让孩子学着沉住气，有耐心。

故事的天空

雨惜已经7岁了，做事情一点耐心都没有。

有一天，妈妈在厨房烤面包，女儿闻着香味就跑到了厨房，对妈妈说道：“妈妈，我想吃面包。”

面包刚刚放进烤箱，妈妈说道：“还没烤好呢，你先出去吧，再等5分钟。”

女儿非常不满地噘起小嘴，说道：“不，我就想现在吃。”

妈妈很耐心地解释道：“雨惜，没烤好的面包是不能吃的，你要是觉得饿，可以先去外面吃一些糖果啊。”

“不行，我就想吃面包。”其实妈妈早就有烤好的面包，但为了培养女儿的耐心，她并没有拿出来，而是领着她到了厨房外面，然后就没有理她。

5分钟过去了，女儿再次冲进厨房，急切地对妈妈说：“妈妈，5分钟已经过去了，我现在可以吃面包了吧？”

妈妈看了看女儿，知道她已经有些迫不及待了，但为了锻炼女儿，她还是没有马上给她面包，而是对女儿说：“面包刚刚烤出来，还很烫，现在不能吃，你还要再去外面等一会儿。”

女儿的耐心几乎被消耗光了，大声嚷道：“我不怕烫，我就要现在吃。”

“雨惜，你应该学会等待，如果继续这样胡闹，那我就不给你吃了。”

女儿听完，生气地跑出厨房，冲进了自己的房间，重重地关上房门，在屋里大哭起来。过了一会儿，雨惜的妈妈端着烤好的面包从厨房里出来，故意在女儿的房门前停留了一会儿，大声地说：“今天的面包真香啊，终于可以好好享受了。”

妈妈知道女儿能够听到她说话，但是雨惜在屋里依然没有反应。不过，妈妈也没有继续理她，而是将面包放到餐桌上，继续做自己的事情。没过多久，雨惜就趁妈妈不注意，偷偷地从房间里走了出来，坐到餐桌前开始品尝烤好的面包。此时，妈妈就走过去安慰道：“雨惜，你应该学会等待。刚才的时间没到，所以才没让你吃面包，你看，现在时间到了，我就喊你出来吃了。所以，你应该记住：做任何事情都不能太着急，要有点耐心，时机不到，无论你如何着急，那也是白费力气。”

宋姐爱心课堂

雨惜妈妈这样做是有原因的，她知道雨惜缺乏耐心，甚至连几分钟都不愿意等待，如果父母一味地宠着孩子，那么这将会使自己变成孩子的奴隶，不利于孩子耐心的培养。

我们应该让孩子清醒地认识到“世界并不会围着她一个人转动”的道理。每个人都有自己的事情，父母爱她，但并不代表就必须满足她所有的要求。父母应该让孩子明白等待是人生必须而且经常要做的事情，让他提早明白这些道理，在他未来的成长道路上，会有很大帮助。

有很多父母在教育孩子的时候表现得缺乏耐心，那么结果可想而知。所以父母在培养孩子的时候，一定要告诉自己有耐心，要沉得住气。如果连自己都没有耐心的话，那还如何培养孩子的耐心呢？

斯托夫人支招DIY

孩子本身的自制力很差，那么作为父母，该如何培养孩子的耐心呢？

●家长要做出榜样

很多父母都告诫孩子，做事情要有耐心，学会等待恰当的时机，但很多家长自己却做不到这一点。这样不仅起不到教育孩子的目的，反而会让孩子感觉父母对自己不够尊重，这样会引起他们的反感。所以家长在做任何事之前，都要确保自己的所作所为不会对孩子造成负面影响。当然，培养孩子的耐心，首先要注意培养孩子不能半途而废的行为习惯。孩子在开始一种新的活动之前，必须陪伴着他将正在进行的活动完成。

●给孩子设置点障碍

家长在日常的生活中，应该有意识地给孩子设置一些障碍，为他们提供克服困难的机会。孩子的耐心是在坚强的意志下磨炼出来的，越是给他们提供困难的环境，越能对孩子的耐心起到锻炼的作用。而且父母要经常在其身边鼓励并督促他们。当孩子经过自己的努力，完成了某一件事时，父母应该给予适当表扬，这样会对孩子做事有始有终的良好习惯起到一种强化作用。

斯托夫人小语

俗话说“心急吃不了热豆腐”，如果一个人缺乏耐心和自控能力，遇到事情，没有考虑便开始下手，这样很难办好事情。一个人是否有足够的耐心，最关键的就是父母在幼年时对孩子的耐心培养和教育。因此，父母应该从小就注重培养孩子的耐心，告诉他们凡事都要“等一等”。必须要等到最佳的时机再做行动，否则无论付出多少努力，都是白费力气，甚至还会得不偿失。

做什么事前都应该计划一下，只有这样才不会造成更多的遗憾和后悔。

——斯托夫人

阅读时间：25分钟　　受益指数：★★★★

做事要有计划性

孩子很小的时候，父母就应该告诉他要做好以后的计划，想好自己应该怎么走，想好自己将来要做什么，需要一个什么样的环境，自身还缺少什么条件等，通过这样的做事方式，就会把一系列的不足全部体现出来，或许刚开始的时候，孩子会感觉到非常麻烦，不过时间久了，你就会发现，自己的这种教育方法是多么正确。

故事的天空

5岁的慧慧总喜欢一心几用，一下做作业，一下看动画片，一下又拿着玩具玩，没有一点计划。本来没有多少作业，却总是拖到很晚才能完成。于是妈妈就告诉慧慧做事有计划的重要性，并跟慧慧商量一起制订一些计划。当计划制订好以后，还必须严格执行。

计划制订好后，做作业的时间，规定为半个小时，并设定好一个闹钟，时间一到，妈妈就会对慧慧说："时间到了，咱们商量并规定好的，你也不要做了，现在是睡觉的时间了。"尽管她用乞求的眼神一直望着妈妈，希望妈妈能再多给一些时间把这些作业做完，但是妈妈并没有理会，反而拿着那张一起制订好的计划书给慧慧看。望着妈妈坚定的表情，再看看那份计划书，慧慧只能乖乖地把作业收起来。

第二天，老师问慧慧，为什么作业没有做完。慧慧如实把事情说了一遍，老师听后也是站在妈妈那边。当天晚上，慧慧做作业的速度明显提高了很多，慢慢地，她的作业不到半小时就能做完了。

有一次慧慧对妈妈说：“妈妈，我想去公园玩。”

妈妈并没有直接拒绝，而是对慧慧说：“你计划好了吗？想要去哪个公园玩？跟谁一起去？玩多久？什么时候回来？”

慧慧嘟着嘴说：“我还没有想好。”

“那就想好了再说吧，不管做什么事情，首先都要计划好。”

这一天，慧慧参加学校为期两天的郊游，学校为他们介绍了郊游当地的一些习惯，并提出建议，让孩子自己回去准备相关的生活用品。妈妈问她是否要帮忙，慧慧说自己能行。妈妈检查了一下慧慧的行李，发现没有带足衣服，那里的天气比这里要冷，但妈妈并没有过多提示。

当慧慧回来后，妈妈问她玩得怎么样。慧慧说：“太冷了，衣服带少了，还要跟其他小朋友借。”

妈妈继续问：“衣服为什么带少了呢？”慧慧就把自己的真实想法都说了出来，因为考虑不周全，所以才会这样。下次去玩时，一定要先计划好，这样不至于自己受冻了。

宋姐爱心课堂

故事中的慧慧妈妈正是从小事开始，教育女儿做事要有计划性的习惯。这样一来，不仅提高了女儿的做事能力，也在无形中让女儿养成了做任何事情之前都应思虑周全的好习惯。

在生活中，要想让孩子做事有计划性，父母一定要做好榜样。例如，把家里整理得井井有条，衣服要分类整齐地放在衣柜里，鞋子要摆在鞋柜上，用完的东西要放回原处等，这些细小的行为都可以让孩子养成做事有计划、有条理的良好习惯。

很多孩子做事总是三心二意，放学回来后，一会儿玩玩这个，一会儿玩玩那个，一会儿要看看书，一会儿又看看电视，看起来比谁都忙，但却一件事都没有做好。还有一些孩子起床后找不到鞋子，自己的课本也不见了或忘记拿笔，这些都是做事缺乏计划性和条理性的表现。孩子刚开始做事情没有计划、缺乏条理是一种很自然的现象，但是，倘若父母不注意引导，孩子慢慢就会养成一种不良的坏习惯，从而给他的一生带来很多麻烦。

当然，这也不能全怪孩子，孩子也会受父母的影响，假如父母做事有条有理，非常有计划，那么孩子也会或多或少受到影响，再加上父母及时指导，孩子也就能更快地形成有计划做事的习惯。

做事有计划不仅对父母来说很重要，对孩子来说，也是非常重要的。有计划地做事还能帮助孩子有条不紊地处理应该处理的事情。做事没有条理没有计划性的人，将无法照料好自己的生活，将来也无法进行学习与工作。

斯托夫人支招DIY

父母如何才能培养孩子做事有条理、有计划的好习惯呢？斯托夫人给出了以下几点意见。

●让孩子有时间观念

如果孩子没有时间观念，那么他做事肯定会拖泥带水，根本就不会有什么计划性可言。所以，父母要想孩子做事有条理、有计划，首先需要培养孩子的时间观念。例如，下午7点钟吃晚饭，孩子此时可能不饿，不想吃。那么等过了7点，大家都已经吃完饭了，孩子想要吃饭时，父母就告诉孩子已经过了吃饭的时间，要想吃饭就得等到下一顿。这段时间就只能饿着，以此让孩子养成良好的作息习惯，以及按时吃饭的好习惯。

●指引孩子做事有计划

父母可以向孩子示范自己的计划，让孩子知道做事有计划，并把计划告诉孩子，再征询孩子的意见，让孩子帮忙一起出谋划策。例如，在休息日，父母可以跟孩子说："我们先到动物园去看动物，然后再回来吃午饭，午饭后你午休一会儿，一点半我们去学钢琴，三点半我带你去游泳，回来后你再写一篇日记，你觉得这样的安排怎么样？"让孩子自己来安排和计划，长此以往，孩子会在不自觉中养成良好的习惯。

●让孩子依计划办事

父母要引导孩子制订计划后就要严格执行，不可以随意更改，更不能说话不算话。例如，每天回家告诉他还有多久吃饭，还有多长时间就要睡觉了，询问孩子在这段时间里要做什么，然后协助他依照自己的计划合理地安排自己的活动。这样不但可以培养孩子有计划做事的好习惯，还可以培养他的领导才能。让孩子养成做事有条理有计划的习惯不是一朝一夕的事，这需要父母的耐心和恒心，要善于抓住教育的契机进行适时引导。

斯托夫人小语

让孩子有条理有计划地做事，可以让孩子少走很多弯路，开阔孩子的思维，并且还能提高孩子做事的效率，达到事半功倍的效果。

美德教育，让孩子拥有健康情感

节俭是我们的一种传统美德，不管是在富裕年代还是贫穷年代，我们都应该崇尚节俭的美德。从小的方面说，节俭是为了日常生活做打算；从大的方面说，节俭是为了人类后代节约资源。无论从哪一个角度讲，节俭都是我们应该具备的一种好品德。

——斯托夫人

阅读时间：25分钟　　受益指数：★★★★★

节俭，从小做起

现代有很多人已经忘记了节俭，特别是父母对孩子，恨不得给孩子最好的物质享受。孩子长大之后，花钱大手大脚，从来不知道挣钱的辛苦，久而久之，孩子就只会不停地向父母索取，不懂得付出。

故事的天空

在商店里经常可以看到这样的情景：孩子哭着缠着父母要这个要那个，其实大多数父母都不想给孩子买，但是孩子一直不停地哭闹，父母最终不得不妥协。

一天，茹茹和妈妈到文具店里去买东西，茹茹被一套漂亮的画笔吸引住了，看了半天，不肯离开，她对妈妈说："妈妈，我要买这套画笔。"

妈妈问："你为什么想买？"

茹茹说："因为它们特别漂亮，我想要。"

"但是，你不是有一套同样的画笔吗？"

"我的那套已经用了一个月了，很旧了。"

"怎么会，才用了一个月，你就不想再用了吗？你知道吗，有很多孩子从来没有画笔可用，他们都是用石子在地上画画呢！"

“妈妈，你真小气。我们家不是有条件给我买画笔吗？”茹茹很不高兴，但是看到妈妈一直坚持，也不再说什么。比起其他哭闹的孩子，茹茹表现得很懂事。

几个月之后，茹茹的画笔不能再用了，妈妈就买了她想要的那一套画笔，并且告诉茹茹，节约不是小气，可以用节省下来的钱去买其他有用的东西。

宋姐爱心课堂

作为父母，不能把满足孩子所有要求当成是爱孩子的表现。就如故事中的茹茹，她的画笔刚买了一个月，便想要再买新的，而茹茹的妈妈却注意培养孩子节约的意识，等到画笔坏掉的时候，才又给茹茹买来了喜欢的画笔，她的这种教育方式是正确的。

在现实生活中，父母都是爱孩子的，但是却又不会爱孩子，他们所谓爱的方式便是给孩子买所有他想要的东西，满足孩子的一切要求。父母却忘记了如何教孩子节俭，虽然现在的生活水平提高得很快，但是地球上的资源是有限的，从长远来看，节俭是必须的。

有些父母自己很节省，但是却无原则地满足孩子的无理要求。举个例子，很多单亲家庭为了弥补孩子在情感上受到的伤害，就靠物质来进行弥补，但是这样做，并不能帮助孩子。因为孩子能够察觉到父母的感情不和，会利用父母的愧疚心理，毫无节制地向父母提出各种不合理的要求，从而养成一些不良习惯。更为严重的是，父母的这种心理对孩子产生了非常不好的影响，它会促使孩子夸大不幸，让孩子心生自卑，甚至会产生所有人对他都有亏欠的想法。

斯托夫人认为，孩子是讲道理的，关键要看父母如何引导。如果父母在内心里认为孩子肆无忌惮地买东西是可以的，让他形成一种依赖，进而养成恶习，不管他想得到什么，都会无条件地给予满足，那么父母就真是太不明智了。

斯托夫人支招DIY

为了给孩子一个美好的未来，为了让孩子养成节约的好习惯，父母就需要从小教起，让孩子明白节约的重要性。

● 父母要给孩子树立勤俭节约的榜样

首先父母要养成勤俭节约的习惯，父母是孩子的老师，有什么样的父母就会有什么样的孩子。如果父母节俭，孩子也就学会勤俭节约。如果父母在生活中经常浪费，那么孩子也就学会了浪费。

● 不要让孩子浪费食物

培养孩子勤俭节约的习惯就要从日常生活的小事做起，在孩子很小的时候，父母就要告诉孩子粮食来之不易，让他学会节约。比如，在吃饭的时候不能剩饭，盛饭时可以少盛一点，不够的时候还能再添。

● 让孩子知道挣钱的辛苦

让孩子懂得挣钱的辛苦，最直接有效的手段就是让孩子自己学会挣钱，比如让孩子做家务赚零花钱。孩子懂得挣钱的辛苦之后，自然也就明白父母节约的良苦用心，同时也会想到父母挣钱的不易。

● 给孩子准备一个旧物收藏箱

让孩子把暂时用不着的东西放进箱子里，便于查找，以后需要买什么东西的时候，可以先在旧物收藏箱里寻找，那么，这些旧物就能发挥一些作用了。

● 培养孩子的理财投资意识

家长可以带着孩子去银行，把平时积累的零花钱存进银行，这样不仅安全，还能收获利息，了解储蓄的知识，为长大之后投资理财做准备。

斯托夫人小语

父母应该在孩子很小的时候就培养他们节俭的良好美德，让孩子明白不管在哪一方面，在什么情况下，都不要随意浪费东西，因为一切东西都是来之不易的。

感恩之心是一切道德的起源。

——斯托夫人

阅读时间：25分钟　受益指数：★★★★★

向身边的人表达感恩

孩子的思维正处于以自我为中心的阶段，无论什么事情，他第一个想到的就是自己，却很少去考虑其他人的需要和感受。家庭是人生中的起点，孩子缺乏感恩的意识直接反映了家庭教育的不足。

故事的天空

一个生活贫困的男孩为了积攒学费，挨家挨户地推销商品。他的推销进行得很不顺利，傍晚时他疲惫万分，饥饿难耐，绝望地想放弃一切。

走投无路的他敲开一扇门，希望主人能给他一杯水。

开门的是一位美丽的年轻女子，她笑着递给了他一杯浓浓的热牛奶。

男孩忍着眼泪把它喝了下去，从此对人生重新鼓起了勇气。许多年后，他成了一位著名的外科大夫。

一天，一位病情严重的妇女被转到了这位著名的外科大夫所在的医院。大夫顺利地为妇女做完手术，救了她的命。

无意中，大夫发现那位妇女正是多年前在他饥寒交迫时给过他一杯热牛奶的年轻女子！他决定要为她做点什么，以此来报答女子的恩情。

当缴费单放到这个女人的手中时，这个女人颤抖着捏着单子，不敢睁眼看上面的天文数字。最后，当她鼓起勇气打开缴费单的时候，只见上面写着“手术费：一杯热牛奶”。

宋姐爱心课堂

一杯热牛奶的故事感动了成千上万的人，故事中的小男孩为了报答当年女子送给他的一杯热牛奶，不仅竭尽全力治好了女子的病，还替女子缴了医药费。这种感恩不是任何人都能够做到的，不过，人生在世，只有懂得了感恩，你才能够有一个美好人生。

孩子的第一任老师就是父母，特别是在品德行为、为人处世方面，父母对孩子的影响是可想而知的。实际上父母在教育孩子的同时，也是教育自己的一个过程，你希望孩子变成什么样，首先自己就要做到什么样。以自己的言行举止去教育孩子，你会发现事半功倍。

斯托夫人认为孩子的身心发展在很多方面还有所局限，如知识经验、语言表达能力等，有时候不清楚该怎么对别人表达谢意。因为现在的孩子有很多是独生子女，父母把全部的爱都寄托在孩子身上，过度地溺爱孩子，很少给孩子灌输感恩的意识。

久而久之，孩子就不懂得感恩和感谢了，觉得大家对他的爱是理所当然、毋庸置疑的。有些妈妈虽然意识到了要对孩子进行感恩教育，但是由于教育的方式不恰当，例如催促、指责，或孩子在向父母表达一些谢意时，父母却满不在乎，导致孩子的积极性下降，自然就收不到好的效果，只能停留在表层，并没有深入到孩子的内心深处。

因此，家长要找对方法，才能让孩子更有效地学会感恩，并从感恩中获取知识。

斯托夫人支招DIY

让孩子懂得并学会感恩和感谢，父母的教育是关键。父母应通过生活中的事来教孩子诚恳地感谢别人，认真对待别人的爱。

●让孩子学会礼貌用语

当孩子开始咿呀学语时，就可以教孩子用礼貌的语言与对方交流。要想学会感恩，首先要让孩子学会尊重别人。培养孩子学会礼貌用语的习惯，让孩子不管在什么场合，都能礼貌打招呼，这是跨出感恩的第一步。

●让孩子学会说“谢谢”

只要孩子在身边，不管家长在什么地方，只要是在接受其他人的帮助时，都要用真诚的语气说“谢谢”，让孩子意识到，得到别人的帮助要记得感谢他们。让“谢谢”成为孩子的习惯用语，从而让孩子懂得感恩。

●互助教育

父母帮孩子整理衣服，孩子帮父母拿鞋子；父母给孩子挤牙膏，孩子给父母拿洗脸帕，让孩子在这样相互关爱的环境中成长。当然，父母对于孩子的这些互助表现要给予表扬和肯定，这样就可以让孩子深刻体会到帮助别人所带来的快乐。

如果长辈非常疼爱孩子，关心孩子，也要让孩子懂得关心长辈，对长辈嘘寒问暖。这样一来，就会让孩子慢慢把感恩当成一种良好的习惯。

●父母可以适当地帮孩子说“谢谢”

当孩子难以表达时，父母可以协助他表达，给他一种充足的信任感。父母替孩子说“谢谢”时，孩子就可以从中明白如何用言语来表示感谢，他认为父母了解自己的处境，得到父母的支持，他自己也就会使用这种形式了。

斯托夫人小语

感谢还可以通过动作或表情来表达，如果孩子给你一个灿烂的微笑或紧紧的拥抱等，父母都要真诚接受，让孩子能够感受到父母的真心。让孩子跟人交往时学会用感恩来表达，这样将会得到更多人的喜爱。

一个人不管有多高的地位、多少财富，如果他让自己的父母伤心，那么他就是一个品质卑劣的人。

——斯托夫人

阅读时间：30分钟　　受益指数：★★★★★

培养孩子的孝心

一个没有孝心的人是无法在社会上立足的，父母应该从小培养孩子孝顺的意识，不能万事包办，让孩子成为一个“衣来伸手饭来张口”的小皇帝，不利于孝心的培养。

故事的天空

奇奇6岁了，非常乖巧。

有一次，奇奇的外公生病了，奇奇妈妈将他接到了自己家里养病。奇奇看着在厨房忙碌的妈妈，自己在一旁静静地等待着。

这时，外公在卧室喊着要喝水，妈妈马上放下手中的锅铲去给外公倒水。一会儿，外公又对奇奇的妈妈说，要换个位置躺下，妈妈又跑过去帮外公翻身。奇奇妈妈做好了饭，端到外公的床头，一勺一勺地喂给外公吃。睡前妈妈又准备好洗脚水，为外公洗脚。

这些事情小奇奇都一一

看在眼里。

有一天，妈妈要加班，小奇奇跑到外公的床头问外公想吃什么。外公的声音不是很清楚，但奇奇还是听明白了。他按照妈妈的样子把鸡蛋和面加水搅拌，把锅烧热为外公做鸡蛋饼，还捧着做好的鸡蛋饼，用小勺喂给外公吃。

这个时候，妈妈赶回来了。看着懂事的奇奇的所作所为，妈妈大吃一惊，又万分感动。

宋姐爱心课堂

其实，对于6岁的奇奇来说，孝心只是一个很抽象的概念，他并不能很好地理解。但是奇奇在妈妈的熏陶下，学会用自己的言行举止去表达孝心，让孝心在奇奇幼小的心灵中深深地扎根。

在斯托夫人看来，孩子是否养成了孝顺父母的良好品德，不仅仅体现在孩子对父母的关心上，还体现在孩子能否关心别人的问题上。在家里能孝敬父母，到社会中，才有可能做到关心同事，也才有可能做到对祖国忠诚。因此我们千万不能忽视培养孩子尊敬长者、孝敬父母的好品德。

总之，家庭教育的根本任务就是教孩子做人，做一个社会需要的人。在孩子小的时候，父母所能做的就是让孩子从一点一滴的小事做起，培养孩子良好的行为习惯，这是孩子终身受益的东西。从长远来看，这个基础打好了，比孩子学知识、学特长对他一生的作用更大，而且可以在很大程度上促进孩子的全面发展。良好习惯不是一日之功，只有在长期反复的训练中才能养成。培养良好行为习惯必须一竿子插到底，切不可“前紧后松”，父母要不怕反复。让我们把培养孩子的孝心同培养他们关心他人、助人为乐的社会公德统一起来，愿我们的孩子健康、快乐地成长为21世纪的优秀小公民。

斯托夫人支招DIY

作为家长我们应该从自我做起，给孩子从小就灌输“孝”的思想和意识，把孝心根植在孩子们幼小的心灵里，这样，孝道才能够源远流长地一代一代传承下去。培养孩子的孝心可以从以下三点入手。

●从小注重培养孩子的孝心

要让孩子从小知道，孝心是中华民族的传统美德。还要让孩子知道怎样做才算是有孝心，知道妈妈十月怀胎的艰辛，知道父母的养育之恩。有孝心的孩子一般都懂礼貌，责己严，能为父母分忧解难。

多给孩子讲些古今故事，让他通过具体的形象去理解孝道。妈妈可充分利用这些故事，让传统的美德流淌在孩子的血脉里。“羊羔跪乳，乌鸦反哺”可教孩子明白孝心是真理和天性；“孔融让梨”使孩子懂得分享；“香九龄，能温席。孝于亲，所当执”让孩子懂得关心父母，爱在细微处。与孩子共读一篇文章，如《孝心无价》；共唱一首歌，如《世上只有妈妈好》《妈妈的吻》《常回家看看》《烛光里的妈妈》等；共诵一首诗词，如《游子吟》《妈妈的雨季》《妈妈，我的守护神》等。在亲子互动的活动中，不仅可以尽情地享受天伦之乐，而且还可以在潜移默化中使孩子养成孝敬长辈的好品德。

●可以通过实践来培养孩子的孝心

平时，孩子应分担家里的一些事情，让他负起责任来。遇有为难的事情，讲给孩子听，让他一起出主意想办法。长辈身体不舒服或生了病，告诉孩子应该做哪些事情，并付诸行动。久而久之，孝心会在孩子身上扎根。

●父母要做好榜样

家长对孩子祖辈的孝心会直接影响到孩子，孝心的真假是骗不了孩子的。因此，为人父母要对自己的孝心做一番反省，在自己身上求真，孝心的种子才会播撒到孩子的心里去。家庭中应当营造一种长幼有序的环境，让孩子从小知晓长幼尊卑，比如等父母长辈都到齐才能吃饭，看电视应先征求长辈的意见等。

斯托夫人小语

父母应该注重培养孩子的孝心，应该重视以情育情，并且父母在关心爱护孩子的时候也一定要适度、适时。

一个乐于分享的人，自然能够交到更多的朋友，更加受欢迎，拥有一个快乐的人生。

——斯托夫人

阅读时间：30分钟　　受益指数：★★★★★

让孩子学会分享

现在的孩子基本上都是独生子女，在家中，不管是吃的、穿的还是用的、玩的，都是他一个人的，没有人会与他争抢，所以，孩子头脑中也就没有“分享”的概念。其实，与独占相比，分享更加快乐，倘若可以让孩子知道分享实际上更能让自己快乐，孩子肯定会乐于分享的。

故事的天空

米米还不到1岁的时候，就已经对自己的东西，比如玩具等，表现出非常强烈的独占欲，从不允许别人碰一下，更不要说拿出来与别的孩子一起玩了。米米的妈妈觉得对于这么大的孩子不可以强制要求他与别人分享，所以倘若他坚持不愿意与别人一起玩他的玩具，妈妈只能对另一个孩子表示歉意，维护米米对于自己所有物的占有。

等到米米大一点的时候，能听懂一些道理了，妈妈一有机会就告诉他如何与别人分享。比

如，电视是大家共有的，不能总是你一个人看，应该大家轮流看；好吃好喝的东西不能够一个人独享，爸爸、妈妈以及姐姐都可以吃；在外面玩了别人玩具的时候，就告诉他："你看，像这个小朋友多好，你玩了他的玩具非常开心，你有好东西的时候，也要同别的小朋友一起分享。"

有的时候，妈妈带了好吃的，也会让米米自己拿给别的小朋友，让他体会一下分享的快乐。再进一步就是，趁他高兴的时候，让他将自己喜欢的玩具拿给其他小朋友玩，过一会儿再将玩具拿回来，让他明白将玩具分享给小朋友玩，最后玩具还是会回来的。妈妈对于他的每一次分享行为都会给予极大的赞扬。

在幼儿园的时候，老师常常教育他要学会分享。现在米米都会告诉大家要分享，还会说有东西不应该自己一个人玩，应该与大家一起玩，这样才会更开心。妈妈感觉米米已经逐渐地理解了分享并且切身感受到了分享的快乐。

宋姐爱心课堂

分享是人生一种特殊的快乐，米米的妈妈用自己的教育方式让他懂得了分享的快乐，让米米明白，只有和别人一起分享，你才能够感受到真正的快乐。

所谓分享，指的就是个体与别人一起享受欢乐、幸福、好处等。这是人的一种亲社会行为，是人在社会交往过程中所需要的一种意识、一种能力、一种品质，也是每个人应该具备的一种美德，一种不可推卸的责任。

斯托夫人认为，对于孩子来说，学会分享是其成长发展中的一个非常重要的里程碑。但对于年龄小的孩子来说，他们的心理发展水平还处在以自我为中心阶段，很显然，要他们学会分享可不是一件容易的事情。因为孩子的分享行为并不是生下来就懂得，而是通过后天的教育与引导慢慢形成的。因此，在孩子的成长过程中，注意培养孩子的分享品质，是家长义不容辞的责任。

但是令人遗憾的是，如今的孩子，其分享意识与能力并不是很强。之所以会出现这样的情况，很重要的一个原因是他们缺少分享的对象。除了因为他们大多数是独生子女之外，还有一个原因就是现在居住环境的变化，居住在楼房中的居民与邻居之间交往越来越少。

这在无形中就减少了孩子与同辈群体的交往，从而剥夺了孩子与他人进行分享的机会，最终导致孩子形成自私的特点。所以，家长们应该想办法创造条件，有意识地培养孩子分享的意识与行为。

斯托夫人支招DIY

因为孩子还小，理解能力有限，他们往往不能够准确地解读分享本身的含义。那么家长应该如何教育孩子学会分享呢？斯托夫人给出了下面几点建议。

●处处可以分享

由于现在绝大多数的孩子都是独子，家里没有人与之争抢任何东西，因此，在他们的观念中“什么都是我的”就是正确的。这个时候，作为父母就应该告诉孩子学会分享的概念，并且创造机会，让孩子与其他小朋友一起玩，学会分享的行为。

比如，家长可以多带孩子出去走走，让他给其他小朋友分派自己的糖果，或让孩子将自己的玩具与图书等拿出来与小朋友一起分享。刚开始可能有点困难，但是次数多了，孩子不但会愿意拿出玩具与大家一起玩，而且还会从内心感到非常高兴。

●分享是快乐的

一旦发现孩子表示出或者做出慷慨行为的时候，家长应该及时地给予表扬，并且用一些类似于“分享”“快乐”及“慷慨大方”等词语，让他明白这是好的行为，将分享视为让人快乐的事情。有的时候，他们的表现可能会让你感觉非常欣慰，但有的时候，却会让你感到不甚理想。家长在要求孩子将自己的玩具拿出来给其他孩子玩的时候，一定要给他留足够的时间玩自己的玩具。承认孩子的所有权会让他感觉分享是在他的控制之下进行的。

●交换也是一种分享

家长可以教孩子与经常在一起玩的好朋友进行约定：每两天或者每周互相交换一次玩具玩。尽管每个人只准备了一件玩具，但是聚在一起就可以有许多很新奇有趣的玩具轮着玩。交换也是一种分享，可以让孩子感到快乐，从而自然而然地喜欢上分享。

斯托夫人小语

让孩子学会分享固然重要，但是家长不要一看到孩子之间发生争抢就立即介入调停，相反，可以有意识地去制造资源短缺的局面，让孩子在冲突与解决冲突中学习与建立彼此之间的交往原则，发展其分享观念与分享技能。

生活在世上的人们，如果你们不懂得宽容，那么又如何要求他人宽容你们呢？

——斯托夫人

阅读时间：30分钟　　受益指数：★★★★

教孩子学会宽容

宽容别人，就是宽容我们自己。对别人多一点点宽容，也就为自己争取了更多的生存空间，所以父母要教导孩子学会宽容，这样在他的生活中才会多一点阳光，少一点风雨；多一点温暖，少一些寒冷。

故事的天空

威廉·麦金莱在当选了美国的总统之后，指派某人做税务部长。当时有很多政客反对此人，他们纷纷派代表前往总统府，要求麦金莱说明委任此人的理由。为首的是一位身材矮小的国会议员，他脾气暴躁，说话粗声粗气，开口就把总统大骂一番。麦金莱却不吭一声，任凭他声嘶力竭地叫喊，最后才心平气和地说：“你讲完了，怒气应该平息了吧。照理你是没有权力这样责问我的，但是现在我仍然愿意详细地给你解释。”

麦金莱的这几句话说得那位议员化怒为羞，不等麦金莱的解释，那位议员已经折服了，他心里懊悔自己不该用这

样恶劣的态度来责备如此和善的总统。因此，当他回去向同伴汇报的时候，只是说：“我不记得总统的全部解释是什么了，但是有一点可以肯定，那就是我相信总统的选择没有错。”

宋姐爱心课堂

麦金莱便是用宽容的态度说服了对方，而故事中的那位议员也正是因此而改变了自己的态度，没有再做出令人难堪的举动。宽厚、谦让能促使人形成胸怀大度的高尚品德。宽容、谦让的人具有宽阔的胸怀，他们为人开朗、豁达、礼貌。他们宽容别人、忍让别人，并不是没有力量反击，而是出自一种高尚的情操。

妈妈都希望自己的孩子能有一个健全的人格，学会包容别人、欣赏别人是具有健全人格的一个方面。福莱曾经说过：“一个不肯原谅别人的人，就是不给自己留余地。”因为每一个人都有犯了错误而需要别人原谅的时候。

斯托夫人说：“学会宽容、学会大度，是我们每个人生活中的一件大事，整天被不满、怨恨心理所控制的人是最痛苦的。学会宽容也就是学会了爱自己。”

斯托夫人支招DIY

作为妈妈，应该充分认识到宽容对孩子来说不仅是一种待人准则，而且是一种保护心理健康的习惯。现代科学研究发现，宽容有利于一个人的健康成长。经过研究证明，当人们想要报复他人时，血压就会明显上升；而在宽容他人时，血压则显著下降。因此，作为妈妈一定要培养孩子宽容的习惯。那么怎么培养孩子的宽容呢?

●教会孩子善待他人

妈妈应该让孩子明白这样的道理，善待他人就是善待自己。对他人多一分理解和包容其实就是在支持和帮助自己。

百度总裁张亚勤总是给人很宽厚的感觉，无论是外表还是说话的声音。他总是能不经意间察觉到对方的杯子里是否需要添水，也会很留心让对方先坐在一个较舒适的位子上。可以看得出，他非常在意别人的感受，也很愿意与周围的人和谐相处。

张亚勤在美国当学生会主席的时候，天天忙着搞活动，跑来跑去的，成天帮别人帮得高高兴兴的。国内的企业代表团到华盛顿去访问时，他去接机，是当时著名的“免费司机”。

“当时大家的关系都很近，一到了周末就会在一起。特别有大家庭、团队的感觉，很值得怀念。”张亚勤这样说道。由于张亚勤的宽厚温和，他的朋友遍天下，与很多中国留学生在国外闭塞的生活很是不同。

●给孩子接触他人的机会

在交往当中取长补短，提高人际交往能力及社会适应能力，养成良好的性格。必要的时候应该让孩子体验一下不被别人谅解的难过，因为如果一个孩子不会谅解别人，就容易养成霸道、蛮横、自私、无情的坏习惯，容易被孤立，今后走入社会就会吃大亏。

一次忍让就会让你的心胸更加宽广一点，一份包容就有可能为你赢得一个朋友。父母应该让孩子学会包容，它不仅是一项待人准则，也是保护孩子心理健康的美德，它能够让孩子们在一个轻松温暖的环境中成长，能够让孩子的适应能力变得更强。

第四章

习惯塑造性格

“人之初，性本善”，由此可见，人之初所具有的性格具有很强的可塑性。至于向善还是向恶，这是与生身父母的谆谆教诲分不开的，是曰：“子不教，父之过。”而决定性格的成因是什么呢？自然是良好习惯的养成了。这也正是本章的重点。

性格伟大，促进智力成就

人的每个发展阶段之间都有着十分微妙而真实的联系。5岁正是塑造孩子性格，培养孩子对周围事物适应能力的关键时期。

——斯托夫人

阅读时间：30分钟　　受益指数：★★★★★

5岁是性格塑造的关键期

孩童时期是一个人人格与习惯以及情感的形成时期。倘若在这个时期不能获得正确而适当的关爱与教育，就非常容易导致孩子日后出现很多的性格缺陷。孩子到了5岁时，其求知欲就会变得越来越强，对于身边环境与自然社会的知识经验慢慢丰富起来。他们开始十分喜欢与小朋友一同玩耍，对于父母的依赖性也逐渐减少。

故事的天空

小东5岁了，他可是一个怪脾气的小男孩。早上的时候，妈妈给他买了包子、豆浆等，可是他不愿意吃，还将豆浆洒得满地都是，小东的妈妈气不过，便打了他一巴掌。小东挨了妈妈的打，越发生气，还将包子扔到地上，踩了好几脚。后来小东的妈妈又要上前打他，被小东的奶奶制止了。

后来，小东的老师也向妈妈打听原因，小东的妈妈说："他爸爸身体很不好，家庭条件也不好，正是因为有这样的经济压力，才使得小东的爸爸脾气也比较古怪，一有什么不顺心的事儿，就拿小东出气。"

有一次，小东不小心打碎了开水瓶，小东的爸爸看到后，一把抓住小东的胳膊，使劲地摇晃着小东，大声训斥道："让你不要跑，你怎么不听话，再不听话我就用开水烫你。"

老师尝试着跟小东的妈妈继续交流："你们的这种做法很不对，难道不能用一种适合孩子的教育方式吗？不能动不动就对小东打骂。小东犯错误的时候，你们可以耐心地给他讲解，让他知道其中的道理，也有助于他以后改正。"

随后，小东的老师又说道："小孩子就像一张白纸，你给予他关爱，他才能学会关爱。5岁正是孩子塑造性格的关键时期，作为母亲，你应该不断地引导他、鼓励他，这样他才能够往你期待的方向发展。孩子第一受教的场所便是家庭，这对孩子性格的养成有着很重要的影响，尤其是现在，5岁的孩子性格可塑性很强，你们应该抓好这个机会，对小东进行良好的教育才是。"

宋姐爱心课堂

小东因为受到了父亲性格的影响，所以才养成了怪脾气，致使原本应该活泼开朗的小孩，变得比较倔强不听话，这主要是父母教育的失败。如果小东的父母还无法对其进行正确的教育，那么小东的将来也就可想而知了。

通常来讲，孩子到了5岁的时候，其人格的塑造已经基本上完成了4/5，其余的部分就需要在以后的生活经历中进一步补充与塑造。

对于一个5岁的孩子来讲，是从懵懂无知、能力不足的幼儿时期，开始向对所有事情都充满好奇与向往，而且掌握了一些能力的少儿时期转变的过渡时期。也就是说，从只接触父母与亲人的家中环境，开始向初步接触社会转变的转折期。

因此，这个时期不但是孩子性格塑造的最好时期，而且也是孩子养成良好的生活习惯以及对孩子进行潜能开发的关键时期。与此同时，这也是父母对孩子进行早期教育的最佳时期。

5岁的孩子，从这个阶段开始逐渐进入他们人生一个真正的建设时期。

孩子先前在创造方面的各种潜能，也会在这个时期显露出来。因为他们已经有了一定的生活经验与独立能力，有各种机会在周围世界中有意识地去寻找更多的新鲜事物。这是孩子从无意识到有意识的非常重要的发展阶段，而这个阶段是否会顺利发展，将直接影响到孩子性格与个性的形成。

斯托夫人支招DIY

一个人的性格如何，决定了他为人处世的各个方面，而每个人的性格均是在很小的时候开始形成的。5岁是孩子塑造性格的关键时期，想让孩子拥有一个好的性格，父母应该如何着手培养呢？关于这一点，斯托夫人给出了如下几点建议。

●建设良好的生活环境

良好的生活环境，包括情感环境、智育环境、德育环境、美育环境以及规律的生活环境。让孩子刚出生就接受良好环境的熏陶，因为环境与时间的结合就好像魔术师似的塑造人的性格。从这个角度上来看“人是环境的动物”这个观点很正确。家庭中的情绪与氛围，应该常常保持在愉快、平静的状态上，那么孩子的智力就会最活跃，身心就会最舒服。可以这么说，最佳情绪状态是孩子取得进步的生命线。

●科学地爱孩子

父母的爱是对孩子性格影响最深、最早、最强、最经常的因素。因为爱是一种十分强大的力量，完全能够调动孩子全部的心理活动，决定他们的状况与倾向。所以，父母科学地爱孩子，对于孩子性格的塑造有着极其重要的意义。

●培养孩子良好的生活习惯

养成优良性格的起点，就是良好的生活习惯。5岁是性格形成的关键时期，婴幼儿对最初的行为印象最深，反复几次之后就会形成心理定式。这种心理定势固定之后，就会形成性格。正所谓“播下行为的种子，就收获习惯；播下习惯的种子，就收获性格；播下性格的种子，就收获命运”。

斯托夫人小语

斯托夫人认为，5岁左右的孩子求知欲非常强烈，他们对自然与社会的知识经验也逐渐丰富了起来。这个时期，如果父母太限制孩子的行动，就会阻碍孩子性格的健康发展。

一个人的性格决定着他的命运。

——斯托夫人

阅读时间：30分钟　　受益指数：★★★★

性格的形成靠孩子自己

性格指的就是人们对于生活的态度和个性的心理特征，和人们的生活息息相关。所以父母要注重培养孩子良好的性格，培养孩子正确的待人处事的态度。

故事的天空

小敏有一个2岁的儿子，他从小胆子就比较小，就算是到了游乐园，也不像别的孩子兴高采烈地玩来玩去，好像是害怕生人的缘故，或是不愿意和别人接触，他从来不敢轻易尝试什么，做事总是小心翼翼。

小敏为此十分发愁，这样一个自我封闭的小家伙，完全没有一般的小朋友那股活泼劲儿。

记得有一次，儿子和小朋友一起在幼儿园玩，两个人因为谁先上滑梯而起了争执。儿子十分软弱，甚至是有点懦弱的样子，不太敢和那个孩子争，明明是他排在前面，也要不情愿地让人家先玩，甚至那个孩子还很不礼貌地出手打了他，他也不知道还手，只是哭着来找妈妈。

小敏真是又心疼又生气，为什么别的孩子都虎头虎脑、健康活泼，自己的儿子却成了人人都敢欺负的受气包？

宋姐爱心课堂

从孩子很小的时候开始，父母就在竭尽全力去培养宝宝有个好的性格和习惯，但却有很多家长都有小敏这样的经历——无论自己怎么教育宝宝，孩子还是按照自己的意愿发展，懦弱、淘气、说谎话、没责任感等性格劣势接踵而至。其实，这并非家长教育的缺失，而是他们忽略了宝宝成长的规律，没有让宝宝自己去逐渐形成良好的性格。要知道，父母在宝宝性格塑造时期过度地干涉，是不利于宝宝优良性格的形成的。

在斯托夫人看来，想要让宝宝有个良好的性格，父母一定要懂得放手，让宝宝去做他们喜欢做的事。他们在做自己想做、喜欢做的事情时，就能得到锻炼。宝宝的发展是自发的，父母不必时时刻刻监管，只要没有触犯原则性的东西，完全可以让宝宝自己行动。虽然父母能迫使宝宝无条件服从，但是强迫不了他们按照我们的意愿去成长。

宝宝的自由发展一旦受到来自外界的阻碍，必将影响宝宝的性格。而父母对宝宝的说教并不利于良好性格的形成。有些性格缺陷的宝宝，经常会表现出莫名其妙的愤怒，而且不愿意服从父母的命令，不管遇到什么事情，第一反应就是大喊大叫大哭大闹。做事也不会考虑别人，自己喜欢的东西总是有很强的占有欲，和小伙伴们玩也表现得很自私。

斯托夫人支招DIY

孩子拥有一个良好的性格，对其将来的人生影响很大。父母要在孩子性格形成期，帮助其形成好的性格。

● 首先要给孩子创造一个良好的家庭环境

在融洽、和睦、团结友爱的家庭环境中长大的孩子，一定是个活泼开朗、热情率真的孩子。对孩子的教育应严格而民主，自由而不放纵，太过溺爱或太过严厉都会让孩子胆小怕事。对宝宝的教育也要根据宝宝的年龄特点来定，不要制订过高的目标，这很容易挫伤孩子的自信心，对孩子好的表现，应及时地给予表扬和鼓励，这样孩子才能拥有强烈的自信。

●让宝宝自己改变

对于宝宝需要改变的一些不好的性格和行为，父母强加干涉是没有效果的，这些改变必须由宝宝自己一个人来完成。因为在宝宝的本性里，有一种自我完善的积极愿望，那么，只要在合适的环境中，宝宝就会通过自己的不懈努力，去战胜自我，战胜自己身上的缺陷。

●父母对宝宝要耐心

父母在帮助宝宝塑造性格时，不要因为宝宝做事时动作慢就批评，也不要为宝宝包办一切事务，要耐心去引导。如果宝宝不小心说错话，要耐心教宝宝如何说才是对的，不能对宝宝发火。面对不听话或者调皮的宝宝，父母要试着放手让宝宝自己去反思去领悟，这样反而会为宝宝制造出更多的自我锻炼和提高的机会。

●父母应尊重、顺应孩子的天性

有些父母总是抱怨孩子不听话、不服管、脾气暴躁，其实，孩子的这种行为父母应该反思一下自己，孩子的性格形成是有自然规律的，父母要尊重、顺应孩子的天性，如果违背了孩子的天性，他们就会变得暴躁、叛逆。父母顺着孩子的天性去培养教育，孩子心情舒畅、畅所欲言，也就不会和父母对着干了。

斯托夫人小语

宝宝的性格缺陷主要是因为在性格的发展时期，他们没有得到有助于自己性格锻炼和智力成长的环境。宝宝性格形成的过程，需要父母创造一个有利于其心理需求的环境，让宝宝自己去发展和完善。

不要在意别人的目光，做好自己，真诚地对待别人，别人也会以真诚回报。做一个心胸豁达的人，你会得到满足和快乐。

——斯托夫人

阅读时间：25分钟　受益指数：★★★★★

因为豁达，所以快乐

开朗豁达的孩子走到哪里都会受到他人喜爱，都能和周围的人迅速打成一片。开朗豁达需要的是一种积极、向上的人生态度。所以，父母要从小培养孩子的这一性格，孩子会终身受益。

故事的天空

云云的妈妈是个开朗活泼的人，对很多事情都不计较，看得开，所以过得很开心。有了女儿之后，妈妈也想把女儿培养成一个开朗活泼、豁达乐观的女孩。

云云3岁的时候，妈妈送云云去上幼儿园。

有一天晚上，妈妈给云云洗澡，发现云云左手的手腕上有一圈清晰可见的牙齿印，牙印很深，都破皮了，妈妈看后心疼不已。她压住心中的怒气，问云云："云云，你的手腕怎么了？这一圈牙齿印是怎么回事儿呀？"云云看着手上的牙印说："妈妈，这是小军给我画的手表，好看吗？"云云还笑了，妈妈心疼地问："宝宝，还疼吗？"云云说："不疼，小军帮我画的，我没哭，看我多勇敢。"妈妈也不再说什么了，看到女儿这么豁达幽默，也是一种安慰。

妈妈一直都在培养云云活泼豁达的性格，经常在家里搞聚会，为云云请来她的小伙伴和他们的父母。在客人到来之前，妈妈会先告诉云云见到叔叔阿姨要有礼貌，还让云云帮助父母一起招待客人，还告诉云云哪些行为是可以有的，而哪些是不能做的。在妈妈的叮嘱下，云云每次都给客人留下大方开朗的印象。

妈妈经常告诉云云，不要因为受了一点儿委屈，就怪别人。不要太计较别人做错的地方，宽容地对待别人，这样很多事情就能够顺利处理，要做个心胸豁达的孩子。

宋姐爱心课堂

性格豁达的孩子不仅仅在平时能保持乐观愉快的心态，在受到挫折的时候，也能够迅速从挫折中走出来，重新恢复饱满的精神状态，坦然应对，冷静解决。因此，父母应该像云云的妈妈一样，从小培养孩子乐观豁达的性格，这才是孩子一生受用不尽的宝贵财富。

大家为什么都喜欢开朗豁达的人呢？因为这样的人好相处，不会去和别人斤斤计较，面对生活里的得与失，也能一笑了之，坦然面对。生活是平淡的，拥有开朗豁达的性格能够让孩子发现平凡生活里的快乐，并且将这种快乐传递给周围的人。

开朗豁达是一种积极向上的生活姿态，也是一种为人处事方式。开朗豁达的人一直都很自信，在面对一次又一次的失败时，开朗豁达的人不会一蹶不振，因为他们知道失败是暂时的，只要不断努力，终会成功。

斯托夫人认为，每个人都要学会宽容待人，多多发现别人的优点，不要对身边爱护你的人发脾气，不要在背后说别人的坏话，做一个正直有礼貌的人，更重要的是做一个心胸开阔的人。

斯托夫人支招DIY

有的宝宝生性活泼开朗、乐观自信，得到很多人的赞扬。但是有的孩子懦弱胆小，不愿意和小伙伴们交往，时刻都离不开父母，遇到一点儿小小的挫折就退缩了。

很多父母都为自己家胆小的孩子着急，那么，父母应该采取什么方式帮助孩子克服畏缩心理，让自己的孩子变得豁达开朗呢？

●提前帮孩子做好心理准备

遇到能够提前预知的场合，事先告诉孩子如何应对，如果能预料，那就一定要事先告诉孩子，让孩子做好心理准备，以消除孩子的紧张和害怕情绪，让孩子在面对新的状况时能应付自如。

●让孩子学会不计较

一个快乐的人，不是他拥有得更多，而是他学会不计较。父母要在孩子小的时候，引导孩子在生活中不要和人斤斤计较，吃一点儿亏没关系。父母还要教会孩子善于原谅别人，不要用别人犯下的过错惩罚自己。

●让孩子学会换个角度看问题

当孩子的愿望不能实现的时候，父母要教会孩子坦然去接受，换个角度看问题，不要一直纠结同一个问题，而是把眼光放得长远些。这样，孩子就会慢慢学会大度地对人对事，变得开朗豁达。

●利用能找到的一切机会对孩子进行教育

父母要注意从孩子日常生活中的一点一滴培养孩子豁达开朗的性格，利用每一个时机对孩子进行教育。现在的孩子在家里经常一个人玩，很容易养成内向孤僻的性格，所以，父母要多带着孩子出去和人交往。

●鼓励孩子说出自己的想法

让孩子多多了解社会上的一些事情，鼓励孩子讲述自己的看法。父母在待人接物、处理各种关系上都要为孩子做榜样，对周围的人开朗豁达，互相谦让，建立起友好的关系，这样孩子从小就能感受到人与人之间是一种关心、谦让的关系，孩子也能培养起豁达开朗的性格。

斯托夫人小语

豁达乐观的孩子很容易感受到快乐，父母都希望自己的孩子幸福、快乐，那么就从现在开始培养一个开朗的孩子吧！

亲和力可以让你的宝宝拥有奇特的魔法，吸引更多的眼球，获得更多的成就。大家都喜欢跟有亲和力的人交朋友，因为他总能给我们带来快乐。

——斯托夫人

阅读时间：30分钟　　受益指数：★★★★

让孩子具有亲和力

父母把很多的心思都放在了培养宝宝的艺术特长、领导力、学习能力上，却忽视了培养宝宝的亲和力。可能很多父母也都看见了，那些拥有非常强的亲和力的宝宝，总是特别招人喜爱，他们的全身都散发着亲切的吸引力。

故事的天空

茜茜的妈妈在教养茜茜方面非常严厉，从而也就使得茜茜养成了争强好胜的性格。在和小朋友做游戏的时候，茜茜如果赢了还好说，如果输了她便会大吵大闹。

有一回，茜茜和她的表哥在一起画画，旁边站着小表妹。两个人画完之后，便让小表妹当起了裁判。茜茜问道：“表妹，这两张你喜欢哪个呢？”小表妹用手指着表哥画的松鼠，大声说道：“我喜欢这张松鼠，好可爱。”茜茜听了之后，脸上的微笑顿时消失了，随后便是很长时间的沉闷。过了一会儿，茜茜就拿起画笔在表哥的画上乱涂一番，以致最后谁也看不出画上的小松鼠为止。

小表哥是一个性格比较内向的男孩，虽然他看到茜茜的做法心里也非常生气，但是却没有吱声。因为他了解茜茜的性格，知道她是一个好强的人。最后，表哥把自己的画纸移开，然后在一边坐着不愿意再搭理茜茜。

这个时候，表哥的妈妈走过来，说道："你是茜茜的哥哥，怎么能跟妹妹生气呢?"小表哥听了之后，摇了摇头，又走到茜茜的旁边，说道："好吧，茜茜，你比较小，我不跟你计较。只要你保证不发脾气，我就教你画大松鼠怎么样？而且要比我刚才那张好看。"就这样，在小表哥的劝说下，茜茜才不生气了。而也正是茜茜的这种性格，使得亲戚朋友家的小孩子都不愿意和她一起玩，在一起玩的时候也是小心翼翼，生怕一不小心就惹怒了茜茜。

宋姐爱心课堂

伟大的作家雨果说："亲善能够给人带来幸福，文明能够为人带来和谐。"亲和力是一个人所拥有的最神奇的力量，它能够让他人感觉你的宝宝可亲，这样也能够帮助宝宝收获友谊和快乐。

可能有些人会认为，故事中的表哥性格太懦弱，被表妹欺负了还不知道反抗，长大之后肯定会吃亏的，所以大多数的家长认为应该让孩子多多与同伴竞争，时刻与同伴竞争，不过这种引导反而会加重孩子的心理负担，让孩子害怕失败，无法承受失败带来的压力。

就好比故事中的茜茜一样，不管做什么事情都要争第一，这也致使茜茜在竞争过程中，不但不会常胜，相反还会遭受到更多的失败，继而让茜茜变得很想逃避困难，不喜欢和他人合作，这样也就得不到同伴的信任和喜欢。这种性格的孩子，要么对任何事情都不屑一顾，要么就会对他人恶语相向，甚至还会孤芳自赏，对于他人的事情和行为都漠不关心，也不喜欢和人交往。这样一来，就使得孩子丧失了亲和力，丧失了比成绩还要重要的东西。

在斯托夫人看来，父母不应该过分要求孩子与人竞争，应该把关注力多多投入到孩子自身的进步和退步上。督促孩子在成长的过程中，要不断地自我反思、自我思考，在与人相处的过程中，要懂得欣赏他人的长处，并且能够加以学习，在完善自身的同时，自身的亲和力也会随之增长。

斯托夫人支招DIY

为了让孩子人见人爱，具有可贵的亲和力，父母究竟应该用什么方法来培养他们的亲和力呢？

●让孩子学会欣赏别人的优点

适当的竞争可以激发孩子争强好胜的意志。但是父母不能引导孩子时刻与人竞争，否则结果只能会适得其反。父母要引导孩子在和小朋友交往的过程中，欣赏并学习其他小朋友的优点，让自己变得更完善。如此一来，孩子自然会有一定的亲和力，进而赢得大家的欢迎。

●让孩子适当地吃点亏

很多家长生怕自己的孩子和别人交往时会吃亏，担心孩子受欺负，经常教孩子得理不饶人。长此以往，孩子就会变成一个心胸狭隘、自私自利的小霸王。其实父母没必要过分担心孩子在外受欺负，要告诉孩子吃亏是福。

那些经历过并学会吃亏的孩子，都有一颗大度从容的心，当自己面对得失时就会表现得很坦然，并不会做出什么过激的反应，于是一种亲和的魅力就会从他们的身上散发出来，从而让自己获得更多的支持与友谊。

●真诚待人，宽容待事

父母要让孩子懂得，无论在哪，真诚待人就是与人交往的基础。哪怕自己心情并不好，也要记得对别人微笑。当孩子心爱的玩具不小心被其他小朋友弄坏了，孩子可能很伤心。这时父母可以这样安慰他，如果是你把别人心爱的玩具弄坏了，心里肯定也不会好受，这时你觉得该怎么做才最合适呢？教孩子学会换位思考，将心比心，宽容对待所发生的事，自然就可以看到孩子珍贵的亲和力了。

让孩子拥有亲和力，可以增加他的魅力，让他享用一生。

习惯，让孩子赢在起跑线上

不好的习惯会阻碍孩子走向成功的人生，会阻碍孩子踏入幸福的道路。

——斯托夫人

阅读时间：25分钟　　受益指数：★★★★★

用好习惯校正坏习惯

一个好的习惯，能够给孩子带来一个好的命运；一个坏的习惯则会给孩子造成不良的人生。所以父母要注意培养孩子的好习惯，当孩子有坏习惯的时候，父母应该注意及时纠正。

故事的天空

小幂是一位很细心的妈妈，儿子写作业的时候，她总会在一边仔细观察。只见儿子一会儿起来喝点儿水，一会儿又去厕所，这不到一个小时的时间，儿子就来来回回了五六次，根本就不能专心写作业。小幂看到这种情况，心里很是着急，后来她便想出了一个循序渐进的好办法。

第二天，儿子在写作业之前，小幂对儿子说："宝宝，从现在开始，你应该坐下来将你该完成的事情做完，在你写作业的时候，来回三次是完全不允许的。"就这样，在小幂的鼓励下，儿子出去的次数果然没有超过三次。过了几天之后，小幂又给儿子建议，把出去的次数又减少了一次，儿子最后也完成了。

就这样，在小幂的教育下，儿子最终能够安稳地坐在书桌旁写作业了，并且将这种好习惯延续了下来。

小幂为了鼓励儿子的这种行为，周末的时候，还专门带着儿子去了他梦寐以求的博物馆，给他买了心仪已久的汽车模型，这让儿子大受鼓舞。

宋姐爱心课堂

小幂教育孩子的时候，把要求依次递减，直到儿子能够专心致志地看书学习为止，这样一来，小幂不仅帮助孩子克服了他学习上的坏习惯，而且还间接地保护了孩子的自信心，让孩子养成了一个好习惯。

斯托夫人认为，孩子好习惯的养成并不是一朝一夕的，而在于长久地坚持和培养。孩子在成长过程中，总会有一些不好的行为。如果父母任由其发展，那么这些不好的习惯将会成自然，阻碍孩子的发展。

孩子在小时候的教育重点便是良好习惯的培养。有着良好习惯的孩子肯定是好孩子，而有着不良习惯的孩子则肯定是问题孩子。再者，习惯与人格相辅相成。一个坏习惯会使你丧失良机，而一个好习惯则助你走向成功。

著名的教育家叶圣陶先生曾经说过“教育就是培养习惯”。俄罗斯教育家乌申斯基说得更形象——“好习惯是人在神经系统中存放的资本，这个资本会不断地增长，一个人毕生都可以享用它的利息。而坏习惯是道德上无法偿还清的债务，这种债务能以不断增长的利息折磨人，使他最好的创举失败，并把他引到道德破产的地步”。

斯托夫人支招DIY

家长不要忽视这些小小的坏习惯，赶快防患于未然，并寻求一种好习惯来代替它。

●不要让孩子打断你的谈话

当你正在和另外一个大人谈事情或者接打电话的时候，你的孩子也许迫不及待地想要告诉你什么或问你某些问题，此时你是中断自己的谈话来回应他呢，还是不搭理孩子任他闹呢？

其实，如果纵容他打断你的谈话，就放弃了一次很好地改正孩子坏习惯的机会，孩子就不会领悟到为他人着想的好习惯，更不会让他学会在你忙碌的时候如何自己打发时间。不妨告诉孩子要他保持安静，不能打扰你。告诉他大人在和别人谈话，他要自己先找点事情做，给他安排点活动或者让他玩一个他平时没玩过的玩具。如果你在谈话时，他缠着你，你可以指指椅子让他安静地坐在那，耐心等你谈完，之后告诉他干扰别人是一种很不礼貌的习惯。

●改正孩子的攻击行为

电梯里两个母亲在谈话，一个说自己的孩子现在见到小朋友就会去抓别人，另一个妈妈也很苦恼，说自己的孩子给婆婆带，结果婆婆还带着另外一个孩子，两个孩子在一起经常打架。不过两个人得出的解决问题的结论居然惊人的一致：长大就好了。

其实，孩子和小伙伴有小冲突的时候，你一定要提防那些小小的攻击性行为，比如，推倒小弟弟或掐小朋友。如果你不管的话，孩子到了8岁左右，这种不良行为就会积习难改了。放任自流传递的信息是伤害别人是可以被接受的。应该直接告诉孩子攻击性行为是不对的，而且当孩子有攻击倾向的时候要立即制止，并且告诉他：“那样会伤了别人！如果别人这样对你，你会怎样呢？”要告诉他任何伤害别人的举动都是不可以的。在下次出去玩之前，提醒他不要粗鲁霸道，帮他练习生气时该说些什么。也可以给他一点小小的惩罚，如果他再犯的话，就不让他出去玩等。

●给孩子制定一些规则

如果是已经规定好的事情就必须严格遵守。当孩子一天毫无节制地吃糖、吃零食、看电视时，已经是到了必须约束的地步。建立规则很重要，放任孩子不遵循规则做事情绝对不是好办法。如果你看着一个2岁的小孩子自己从柜台里拿饼干很好玩，那么，你等来的将是他到了8岁不打招呼自己跑到朋友家去拿东西。

其实，制定几项家庭纪律并要求孩子遵守是一项很简单的事情。你可以告诉孩子：“你得问问可不可以吃糖，因为这是规矩。”“你应该在规定时间内看电视。”必须要让孩子吃点苦头、知道权威他才能知道这是规则。而一旦建立了规则，孩子再做这些不合规则的事情就会有所顾忌了。

●改掉孩子任性的毛病

孩子的任性是常有的事情，如哭闹着要玩具、必须去做某事而不愿去做另外一件事、必须要得到某种赞扬。一些家长以为这只是阶段性的，于是就置之不理。如果你不正面应对这一问题，孩子以后会无法与老师和其他人融洽相处。

其实，有必要让孩子清楚他自己的行为。要告诉他："哭闹是没有用的，必须给一个合理的理由。"这并不是要拒绝孩子，而是让他明白哭闹不能解决任何问题。如果他坚持不改的话，可以不理他并走开。慢慢地，当他学会了克制自己的任性而以正确的方式与人相处时，那么他离养成好的交往习惯就不远了。

家长今天怎样教育孩子，那么孩子明天就会成为什么样的人。所以，家长应该多多培养孩子良好的道德习惯，并且为孩子以身作则，树立良好的榜样。此外，在教育孩子的过程中，父母一定要有耐心、爱心和细心，因为孩子的自控能力比较差，就算孩子知道这是坏习惯，或许还是会控制不住自己，而父母就要尽好自己的责任，帮助孩子纠正坏习惯。

孩子总是从外界接收信息，妈妈应该利用自己的知识帮助孩子树立是非观念，告诉他哪些是好的，哪些是不好的，这样孩子才能远离那些不好的东西。

——斯托夫人

阅读时间：30分钟　　受益指数：★★★★★

“说”脏话还是“学”脏话

很多成年人靠说脏话来发泄心中的不满，这也致使孩子生活的环境受到了污染。但是，说脏话是不能解决任何问题的，父母一定要告诉孩子不要说脏话。

故事的天空

亮亮5岁了，活泼、可爱，还很懂事。在幼儿园里，他表现得很好，回来的时候，经常跟妈妈说，老师今天又表扬他了，比如午饭吃得又快又干净。妈妈听了心里很高兴。

有一天，妈妈带亮亮去参加朋友聚会，他带了一个变形金刚去玩。在聚会上，有一个和亮亮一样大的男孩浩浩，见亮亮玩得很高兴，便对他说：“亮亮，你的变形金刚很好玩，教我玩好不好？”亮亮高兴地答应了，然后就教浩浩怎么玩变形金刚。

教了几遍之后，浩浩仍然不会，结果亮亮就不耐烦了，一把抢过变形金刚，说："你怎么和猪一样笨，一边儿去！"妈妈听了之后，非常生气，但是人很多，也不便当面发火，立刻让亮亮向浩浩道歉。

回到家，妈妈问亮亮："是谁教会你说'和猪一样笨'的话？"

亮亮说："我在幼儿园学的，张翔经常说人家和猪一样笨。"

妈妈说："以后不要学张翔说话。亮亮，你知道吗，这个词汇很不好，你知道妈妈说的是哪个词汇吧？"

亮亮说："妈妈，为什么我不能说呢？"

妈妈耐心地说："因为这个词语很不好，你是孩子，别人听到了，会说你这么小的年纪就学会骂人，老师和小朋友都会看不起你！"

亮亮低下了头。妈妈说："你愿意让人看不起吗？"

亮亮摆摆手说："不愿意！"

妈妈继续说："你以后知道怎么做了吗？"

亮亮说："嗯，我以后再也不说别人笨了！"

妈妈高兴地摸了摸亮亮的头，说："这才是好孩子！"

有时候亮亮学了一句话，并不知道那是脏话，但是只要妈妈提醒他，他都会改正过来。很多人都说，亮亮是一个文明的孩子。

宋姐爱心课堂

听到亮亮说第一句脏话的时候，他的妈妈很是震惊，并且询问孩子是从哪里学来的，后来在亮亮妈妈的教导下，他才改掉了说脏话的坏习惯。

父母面对孩子说脏话有不同的处理方式。有的父母只要听到孩子说脏话，就会打孩子，但是孩子事后还是会说。有的父母对孩子说脏话没有什么反应，甚至有的父母认为孩子很有意思，这种暗示，很容易让孩子不停地说脏话。

那么，孩子为什么会说脏话呢？斯托夫人告诉人们，幼儿说脏话是无意识的，因为他的模仿能力特别强，周围的人说了一句脏话，他觉得好玩。3岁以上的孩子说脏话，除了好玩之外，他们能够初步理解脏话的含义，在与小伙伴发生矛盾的时候，会向对方说脏话来发泄心里的不满。还有的孩子说脏话是想引起父母的注意，有的父母太忙了，这个时候，父母就要每天花点时间和孩子相处，慢慢地，孩子就不说脏话了。

斯托夫人认为，父母要给孩子做榜样，不要在孩子面前说脏话。当孩子说脏话的时候，父母要及时制止，但不要当着很多人的面批评孩子或者羞辱孩子，因为这样做会让孩子的自尊心受到伤害。特别是在孩子的小伙伴面前，父母更要注意孩子的感受，因为孩子幼小的心灵非常脆弱。

斯托夫人支招DIY

大人们经常说脏话，觉得没什么。但是如果孩子在大庭广众之下说脏话，做父母的肯定无地自容。

脏话是一种低层次的语言，小孩子对一切都感兴趣，模仿大人和别人的话，很容易学会。孩子说脏话的时候并不会思考，只图一时畅快。那么，父母该如何教育说脏话的孩子呢？

●父母不要生气，冷静应对

孩子说脏话的时候，父母不要反应过度，生气地训斥孩子，而要保持理性。有些孩子说脏话，并不了解脏话的意义，看到父母的过度反应，会故意的重复脏话，引起父母更多注意。这个时候，父母要询问孩子是否知道脏话的含义，想要表达什么。

●向孩子解释说脏话是一种不好的行为

和孩子谈论说脏话的行为不好，向孩子传达正面的社会价值观，尽量让孩子理解，大家不接受粗俗难听的语言，对一个人说脏话代表对别人的侮辱。父母要让孩子知道，当他自己听到有人说脏话的时候，是如何感受到不被尊重的。

●父母对孩子定下规则

父母要悉心引导孩子，对孩子定下规则，随时提醒孩子不要说脏话，不说脏话的孩子才是好孩子。同时父母也要做到不说脏话。

●提醒朋友不要在孩子面前说脏话

如果有人在孩子面前无意说出脏话，那么父母最好提醒说脏话的人，不要在孩子面前说出不雅的语言，以免孩子模仿。如果有人为了好玩，教孩子说脏话，父母要及时制止这种行为。

●父母要及时了解孩子的心理

父母应该清楚孩子的心理特点。比如有的孩子说脏话是为了引起父母的注意，这个时候，父母就要从自己身上找原因，比如工作太忙，忽视了孩子。父母每天至少要和孩子玩耍半个小时，给孩子讲讲笑话，玩玩小游戏，给他读故事书，孩子心情愉快，就不会模仿大人说脏话了。

●让孩子学会控制自己

当孩子不高兴，需要发泄情绪的时候，父母要帮助孩子选择适当的情绪宣泄方法，比如转移注意力，将不愉快的事情告诉父母，总之不能教孩子用骂人来宣泄。

聪明的父母都会顾及孩子的感受，当孩子说脏话的时候，父母一定不要生气，而是教会孩子发现别人的优点、对他人产生好感，让孩子了解，适时地向别人示好胜于批评、嘲笑别人。

孩子小的时候，从父母的活动中得到启发，努力模仿父母使用物品。在这个过程中，孩子会尝试扫地、洗衣服、梳头、洗澡、穿衣服等，这种对成人的有意识地模仿表现了孩子的智慧，父母千万不要阻止孩子的这种行为。

——斯托夫人

阅读时间：30分钟　　受益指数：★★★★★

懒惰，是妈妈给予的不良习惯

不要做这样的妈妈：放纵孩子，迁就孩子，满足孩子的一切要求；从来不纠正孩子犯下的错误；不让孩子动手做任何事情；不改正孩子的坏习惯；不能让孩子受委屈。不要去培养一个懒惰的孩子，这会耽误孩子一生。

故事的天空

小宇出生之后，妈妈非常宠爱他，每天抱着他，给他喂奶，给他洗澡，给他穿衣服，他要什么，妈妈就给他什么。当然，在很小的时候，妈妈为孩子做的一切都是理所当然的。

小宇上小学之后，妈妈还每天给他穿衣服，每天把饭端到他的面前，如果小宇不吃，妈妈还很耐心地喂他。

小宇经常喊：“妈妈，我的衣服脏了！”妈妈二话不说，立刻就帮他洗。很多时候，小宇什么都不用说，妈妈早就帮小宇叠好了被子，做好了早餐，准备好了要去春游的食物。

小宇渐渐长大，小学的时候，成绩还很好。但是，上了初中之后，每天都在上课的时候睡觉，一副有气无力的懒散样子。老师把小宇的妈妈找到学校，告诉她小宇上课总是睡觉，也不写作业，让她回去督促小宇。小宇的妈妈还以为是多么大的事呢？她认为只要儿子没有做其他的坏事就好了。学习好不好，一点儿也不重要。

小宇变得越来越懒，不愿意和父母说话，总是和父母生气，也不愿参加户外活动。只要遇到事，他就以逃避为主，对他人没有一点儿责任感。即使这样，小宇的妈妈还经常对亲戚们说“我家小宇就是懒点，没别的毛病”，口气里还带着夸耀。

小宇的妈妈心甘情愿地为儿子做任何事情，奉献一切，唯一担心的事情就是怕小宇受苦、受累，即使小宇做错了，妈妈也不责备他，孩子想干什么就干什么。小宇长大之后，每天什么也不干，就是去网吧打游戏，但是他妈妈从来不管他。

妈妈也不担心小宇的工作，只是告诉儿子：“别担心，父母都为你打点好，很快你就可以去上班了。”小宇上班之后，每天坐在办公室里喝喝茶，看看报纸，不思进取。

宋姐爱心课堂

小宇最后的结果有一部分原因是因为自己的懒散，而另一部分原因，就是父母的过度溺爱，才致使小宇长大之后，无所事事，最终被这个时代所遗弃。

在孩子的缺点中，父母最能包容的大概就是孩子的懒惰。有的父母认为懒惰根本就不是什么缺点，因为做多错多，不做不错，什么都不做是一种福气的表现。哪个父母不希望自己的孩子有福气？

有的父母非常辛苦，一心一意为孩子操心，但是勤快能干的父母养出来的孩子可不勤快。有的父母从来不指责孩子做错的地方，不在精神上培养孩子，对孩子的所作所为无动于衷，因为父母认为孩子长大之后就会明白。有的父母一切都听孩子的，孩子要什么买什么，叫干什么就干什么，尽管有很多的要求不切实际。

懒惰的孩子，可以预见他一生的命运，肯定一事无成。如果再遇到挫折，懒惰的孩子肯定会变得更加消沉。懒惰的人长期什么都不干，整个人就会松懈下来，变得越来越消极，生活也如一潭死水。

每个人都有惰性，但是人要学会克服惰性。如果父母一切都为孩子准备好了，孩子也就没有克服惰性的必要了。结果这个孩子变得不努力、胆小、自欺欺人，每天都是混日子。父母肯定也不愿意自己的孩子变成这样。

斯托夫人认为，父母不能过度溺爱孩子，什么都替孩子做，这样做只会让孩子感受到挫败感和压抑，逐渐失去自我的价值。

斯托夫人支招DIY

孩子看着父母为自己服务，都产生过自己动手的欲望，比如穿衣服、系鞋带、做家务，但是妈妈总是觉得孩子小，只要看到孩子动手做什么，就会说：“妈妈来，妈妈来。”孩子长大之后，妈妈就会督促孩子去写作业，不用孩子帮忙洗碗。

慢慢地，在家里孩子就不再做任何事了，妈妈什么都替他做。时间久了，孩子进入社会，也会认为别人为他做事是应该的。

●让孩子做力所能及的事，减少对妈妈的依赖

孩子经常偷懒，不愿意做事，很大程度上都是妈妈造成的，因为孩子依赖妈妈太久了。这个时候，妈妈要先纠正舍不得让孩子吃苦受累的观念，让孩子自己穿衣服、吃饭、写作业。

●和孩子一起制订努力的目标

父母和孩子一起讨论，孩子想要成为什么样的人，做什么职业，父母给孩子制订计划，一起努力。为了美好的将来，告诉孩子现在必须克服懒惰的习惯，努力振作起来。

●鼓励孩子动手做，减少孩子的抱怨

当孩子帮父母做家务的时候，有时候做不好，就会产生抱怨，比如孩子想帮妈妈拿东西，但是害怕物品摔碎碰伤，这个时候，父母就要鼓励并指导孩子小心，即使摔碎了父母也不要责怪他。

●培养孩子劳动的兴趣

即使孩子要参与一件没有能力做的家务时，比如擦玻璃、做饭，父母也不要阻止孩子。这时候，妈妈可以带着孩子一起干，孩子要擦玻璃，妈妈就给他一块小抹布。如果孩子要帮妈妈做饭，妈妈就教孩子怎么择菜、洗菜。重要的是，培养孩子劳动的兴趣。

●让孩子适当受些挫折

有些孩子是家里的太阳，特别是爷爷奶奶的宠爱更甚。孩子从来没有遇过挫折，在大人心目中，孩子在任何时候都需要疼爱和保护。这个时候，父母不能任其发展下去，而是让孩子受受委屈，让孩子懂得自己也要尽义务。

培养一个懒惰的孩子比培养一个勤快的孩子要容易得多，父母只需为孩子做好一切事情就够了。但是，这样做的父母却是在阻碍孩子的人生，让孩子失去飞翔的翅膀。

讲卫生才能有利于身体的健康，才能使生活达到质的提升。身上是否干净，会影响到孩子的尊严，干干净净的孩子必将受到更多人的喜爱。

——斯托夫人

阅读时间：25分钟　　受益指数：★★★★

培养孩子勤洗手的好习惯

孩子在感知世界的过程中，会接触各种物品，从而他们的小手就成了细菌的集结地，给他们的健康带来隐患。

故事的天空

3岁的虎虎坐在阳台的小桌前，开心地用橡皮泥捏着小花狗，桌子上摆满了各色橡皮泥，小手被染成了五颜六色。妈妈的一声“开饭”，把虎虎从橡皮泥的乐趣中拉回来，他恋恋不舍地放下手中的橡皮泥，跑向餐桌。看到餐桌上自己最爱吃的烧鸡腿，吞咽着口水，彩色的小手抓起鸡腿就要往嘴里填。

妈妈出来制止道：“你怎么不记得妈妈的话呢？饭前便后要洗手！不洗手，会把细菌吃到肚子里，之后肚子会很疼的。”

虎虎只好放下鸡腿，走向卫生间洗手。两只小脏手放进水盆中，刚刚沾一下水，就准备伸手去拿毛巾，虎虎认为自己的手已经洗完了。

妈妈就知道他肯定会这样，赶紧走过去抓住他的小手，帮他在水盆里洗着，一边给他讲洗手的方法，一边还说不讲卫生的危害。

虎虎却是一副心不在焉的样子，要么是不配合，要么要求自己来。有几次妈妈答应让他自己洗，可是虎虎两只小手却在水盆里不停地拍击着水，把香皂扔到地上，香皂盒放到水盆里当小船推来推去。

像这样的情况，在家里经常能看到，这让妈妈很是发愁，哎，这孩子怎么就这么不讲卫生呢？

宋姐爱心课堂

俗话说“病从口入”，这也是每个人都懂得的道理。手是口的传送工具，手脏，就容易把细菌吃到肚子里，威胁到人们的身体健康。孩子并不是不讲卫生，而是孩子的玩性很重，就像虎虎，洗手远没有玩水有吸引力，所以在这样的情况下，妈妈只需正确地引导即可。

孩子喜欢到处走动，而且对什么东西都充满了好奇，只要是遇到的东西，他们总会用小手去抓、摸、拍，这就非常容易让小手沾上细菌。然后，孩子再用小手去抓食物、揉眼睛、摸鼻子，甚至有时还会将手指放入嘴里，慢慢地吸吮。孩子玩得开心、痛快的同时，妈妈却要面临大麻烦了。妈妈时刻不忘监管孩子，一旦发现弄脏了小手，就应该及时带他去清洗。否则把细菌带入孩子体内，那么他们的小身体就遭了殃。

对孩子的教育，要把卫生习惯作为重点。注重个人的清洁，在日常生活中，要多给孩子练习洗手的机会。训练孩子每天早晨起来，第一件事就是洗手，饭前便后也要监督孩子养成洗手的习惯。

孩子不爱洗手，和爸妈的教养有关。比如，孩子小的时候，爸妈就没有教给宝宝养成勤洗手、讲卫生的好习惯，或者孩子要自己洗手时，爸妈总怕他们自己弄湿袖子或弄得满地都是水，就剥夺了孩子自己洗手的权利，总是采取包办代替的方法。

斯托夫人说，经常保持一双干净的手，就能大大减少手上所携带的各种病菌，从而有利于孩子的健康。因此，爸妈一定要在日常生活中教会孩子洗手，帮孩子养成爱清洁讲卫生的好习惯。

斯托夫人支招DIY

为了预防孩子生病，一定要让孩子的手保持清洁，养成讲卫生的好习惯。在孩子小的时候，爸妈就要开始训练孩子主动洗手、爱洗手的习惯。

●给孩子独立实践的机会

每个孩子都喜欢动，他们对周围的一切都是那么好奇，总是喜欢“亲力亲为”，爸妈要给孩子自己实践的机会。比如，孩子提出自己洗手的要求时，爸妈不要怕孩子把衣服弄湿或将水洒得满地都是，就代替他来完成洗手任务，这对孩子的成长是非常不利的。我们应抓住孩子爱洗手的兴趣，逐渐引导他学会正确洗手。

●教孩子如何洗手

调配好适宜的水温，教孩子卷起衣袖，把手放入水中，之后打上香皂，先洗手心，后搓手背，接下来洗手指，最后双手互相搓洗，再用清水冲洗干净。等孩子洗干净后，先让孩子自己欣赏一番，之后，爸妈再好好夸夸孩子，让他产生一种成就感，下次就愿意主动洗手了。孩子学会了洗手后，就要让他养成手脏了要及时清洗和饭前便后洗手的卫生习惯。

●孩子的用品要专用

孩子的用品要依据他的身高和大小来买。孩子的洗脸盆、香皂的大小要适合孩子的小手，给孩子选择儿童专用香皂，一是便于使用，二是刺激性小，利于身体健康。而孩子的毛巾更是不能与他人混用，最好每次使用后都进行及时的清洗和消毒。

斯托夫人小语

为了宝宝的健康，父母一定要培养他们讲卫生、爱清洁的习惯。多给孩子安排练习洗手的机会。只有一双干净的手，才能有效预防各种病菌的侵入，从而让孩子拥有一个健康的身体。

洁白的牙齿能够给人留下良好的印象，不洁的牙齿只会让人更加远离。

——斯托夫人

阅读时间：25分钟　　受益指数：★★★★

让孩子定时刷牙

刷牙应该是生活的一部分，是每天都需要进行的事情。牙齿洁白会为孩子的个人形象大大加分，是孩子身体健康的主要表现之一。

故事的天空

这天早上，莹莹妈妈的朋友要来家里做客，所以莹莹要比以往起得更早一些。正当莹莹要去刷牙的时候，门铃响了，莹莹的妈妈打开门一看，就看到了朋友家5岁的儿子张纪，拿着玩具兴冲冲地进来找莹莹玩，而后面则紧跟着他的妈妈。

莹莹被张纪拉着玩了一会儿后，便对张纪说："纪纪我先去刷牙，你在这里等我一会儿，我马上回来。"说着便走向洗漱间。

张纪的妈妈惊奇地问道："莹莹才3岁，就会自己刷牙了？"

莹莹的妈妈笑了笑说："已经学会三个月了呢。"

张纪的妈妈还是不肯相信，孩子太小，甚至牙刷都拿不稳，又怎么刷牙呢？于是她也随后跟着莹莹进了洗漱间。

只见莹莹左手端着小牙缸，右手拿着挤好牙膏的牙刷，正准备刷牙呢，看到张纪妈妈之后，莹莹问道："阿姨好，您有什么事情吗？"

张纪妈妈连忙说道："宝贝，阿姨想看看你是怎么刷牙的。"

莹莹听了之后，也没有再说话，便认真刷起牙来。虽然莹莹的动作还是略显笨拙，但是程序可是一点儿也不含糊，这让张纪妈妈惊讶得合不上嘴，连声赞道："真好！真好！"

张纪妈妈对莹莹妈妈说道："哎，莹莹可真是听话，你看张纪这一口小黑牙，上面都有很多牙洞了。别说让他刷牙了，就是洗脸也得让我看着才行。"

莹莹妈妈说道："呵呵，刷牙可不是急来的，也不是一天两天的事情，要有耐心才行。走，我传授你一点绝招吧。"

宋姐爱心课堂

莹莹和张纪形成了鲜明的对比。莹莹因为妈妈的教育方法得当，进而养成了好的刷牙习惯，而张纪则是因为妈妈没有找到好的教育方法，才使得张纪有了一口黑漆漆的牙齿。

在日常生活中，有些很小的孩子，就会有牙痛、牙菌斑、乳牙松动脱落等各种各样的牙病。细想一下，这个年纪正是长牙的阶段，新生的乳牙怎么会出现这种问题呢？

这主要是因为父母日常不注意孩子口腔卫生的缘故。小孩子大都喜欢吃甜食，有些孩子在睡觉之前喜欢吃甜食、喝酸奶等，这些对于孩子的牙齿来说都是很不利的。孩子在吃过甜食之后，又不能及时清理口腔，那么牙病自然而然地就会找上门了。

刷牙是保持口腔清洁最有效的方法。当孩子长出第一颗乳牙的时候，父母就应该开始注意孩子的口腔卫生。可以选用干净的纱布或者是棉签蘸取温水擦洗牙面，以此除去孩子牙上的细菌。孩子两岁之后，手指的力量和手部的力量都得到了很大的发展，动作也变得比以前灵活了，这个时候，父母便可以教给孩子刷牙的方法，让孩子学着自己刷牙。经过一年左右的训练，等孩子三岁的时候，宝宝就能够自己完成刷牙的动作了。

斯托夫人认为，在婴儿时期所养成的好习惯，就很容易让孩子一直保持并维持下去。所以，为了孩子的口腔健康，为了让孩子拥有一口健康、洁白的牙齿，父母应该从小就培养孩子刷牙的习惯，让孩子掌握正确的刷牙方法，并且培养孩子养成早晚刷牙的好习惯。这对于孩子来说，则是一劳永逸的教育。

当然，教孩子学刷牙并不是一件容易的事情。刷牙需要极高的协调性，孩子刚开始刷牙的时候，很可能会刷不干净，这个时候，父母万不可过度干预，应该让孩子刷完之后再刷一会儿，然后再给孩子纠正不正确的刷牙姿势和方法，给孩子充足的锻炼时间。渐渐地，孩子就能够养成自觉自愿刷牙的好习惯。

斯托夫人支招DIY

随着孩子慢慢长大，独立意识和探索欲望会越来越强，父母则应该牢牢抓住这个机会，引领孩子正确地刷牙，并且爱上刷牙。让孩子认为刷牙是一件很好玩的事情，孩子就会不自觉地主动学习和模仿了。那么，父母如何培养孩子刷牙的好习惯呢？

●让孩子先学会漱口

刷牙的前提便是漱口，如果孩子不会漱口，在刷牙的过程中，很可能就会把刷牙水吞到肚子里。在教育孩子漱口的时候，妈妈可以先喝一口水，然后吐到手盆里，然后再让孩子进行模仿。等到孩子学会吐水的本领后，妈妈再教孩子把水含在口中，然后闭上嘴，用两腮做运动，让水和牙齿等做一个充分接触，然后再吐出嘴里的水。漱完口之后要用毛巾将嘴边的痕迹擦掉。等孩子学会这些后，父母才可以教给孩子正确刷牙的方法。

●给孩子买心仪的牙具

儿童牙刷、儿童牙膏、儿童水杯等是孩子刷牙过程中不可缺少的牙具。为了让孩子自动喜欢刷牙，在购买牙具的时候，应该把孩子一起带上，让孩子自己选择喜欢的牙具。刷牙的时候，用自己选的牙具，会让孩子有一种自豪感，认为自己和父母一样，都是大人，从而在心理上接受刷牙这件事情。

●给孩子买质量好的牙刷

孩子的口腔黏膜比较薄弱娇嫩，所以在购买牙刷的时候，一定要考虑到孩子的年龄和口腔的大小，为孩子选择合适的牙刷：牙刷头比较小，刷毛比较软等。为了让孩子养成良好的刷牙习惯，为孩子准备一支上好的牙刷是必不可少的。如若让孩子使用了劣质牙刷，这样一来就会伤害到孩子的牙龈，从而让孩子在心理上对刷牙产生反感和恐惧。

●给孩子一款适合的牙膏

在给孩子选择牙膏的时候 ，也要购买儿童专用牙膏，而且最好是那些泡沫比较少的牙膏。因为三岁左右的孩子还不会将牙膏泡沫吐出，如果牙膏产生过多泡沫的话，就很容易让孩子吞食，不利于孩子的健康。在选择牙膏的时候，还要选择含氟量比较低的牙膏，降低患氟斑牙的危险。

●让孩子快乐刷牙

父母刷牙的时候，可以让孩子在一边当观众，父母的表情越是高兴，就越会让孩子产生模仿的冲动。这就是引领孩子刷牙的最好时机。让宝宝对着镜子站好，妈妈则是在孩子的身后或者侧面站立，抓住孩子的手，把牙刷放在靠近牙龈的地方，按照上牙从上往下，下牙从下往上的顺序刷牙，先刷牙齿外侧，然后再刷牙齿内侧和咬合面。最后让孩子用清水漱口，把嘴里的泡沫全部吐干净。刷完牙之后，父母还要教育孩子把牙刷清洗干净，牙刷头朝上，放置杯中，放到通风干燥的地方。

让孩子从小养成刷牙的好习惯，并且将这一习惯很好地保持下去，让孩子拥有一口健康的牙齿，保护好孩子的口腔健康。

自信心，奠定成功的基石

倘若发现孩子的自信心不够强，家长应该帮助孩子建立自信，家长可以通过丰富孩子的知识，充实自我，逐渐消除他的恐惧心理。

——斯托夫人

阅读时间：30分钟　　受益指数：★★★★★

保护孩子天性中的自信

爱默生曾经说过："自信是成功的第一秘诀。"孩子从小到大，不可以没有自信，实际上，孩子从出生那天开始，他的天性中就有着一种自信的气质，只是需要家长学会保护这种气质。如果家长要保护孩子的自信，那么就意味着不要去打击、伤害孩子，有意识地去呵护孩子的自信。

故事的天空

有一个名叫托比的5岁小男孩，非常调皮，不喜欢学习。托比每天上课的时候特别不老实，不是做小动作，就是趴着睡觉。为此，老师曾经多次批评过他，但是托比依然我行我素，一点儿也不知道悔改。

托比所在的英语班是零起点班，从字母与儿歌开始学习。经过一个月的学习，除了托比之外，其他小朋友都已经学会了26个字母与4首儿歌以及"妈妈""兄弟"等称谓的读写。然而，托比就连这些字母都没有学全，每当老师抽查到他的时候，托比总是显得非常茫然与无辜。

老师觉得必须与托比的妈妈谈谈，让她好好教育一下托比。于是，老师在一天放学之后，到托比家拜访。当老师说明来意之后，站在旁边的托比低着头不吭声，不敢看妈妈的脸。

然而，托比妈妈的回答却是：“老师你别难过，我从不指望小孩在短期内学到多少东西。我只跟孩子讲这样一个道理，如果你不学，那么肯定什么也不会得到，如果你坚持，就算效率再低，也一定可以有所得。所以，请不要嫌弃他学得慢，给他一些时间，让他快乐而自信地学吧！”

老师听了托比妈妈的话，感到非常惊讶，但也没有再说什么。而托比听完妈妈的话，灰暗的眼睛一下子就亮了……

后来，托比在学习方面表现出了非常高的天赋，他学得比班里的任何一个孩子都要快、都要好，他感到非常自信。

宋姐爱心课堂

倘若你只听托比妈妈的前一句话，肯定会觉得她是一个非常不负责任，对孩子没有什么期望的家长 ，但是托比妈妈后面所说的话，一定会让你赞叹不已的，因为托比妈妈这样做实际上是在保护孩子天性中的自信。尽管托比的接受能力有限，但是托比妈妈不希望孩子被打击，被另眼相看，否则，非常容易使托比的自信心受到伤害。

在现实生活中，我们很少看到有家长会在别人的面前夸奖自己的孩子，但是当别人夸奖自己的孩子的时候，他们都会自谦地说：“哪里，还是你家的孩子比较优秀。”听到这些自谦的话，孩子想到的是：原来在爸爸妈妈的心目中，我就是这个样子。家长们从来没有想过，这些自谦的话会给孩子带来多大的伤害。

明智的父母懂得如何巧妙地夸奖自己的孩子。倘若家长经常对孩子说：“你的表现非常不错。”“你真的很棒。”孩子就会带着这样的心态去生活，觉得妈妈说自己是最棒的，那自己就是最棒的，这样孩子才会自信地成长。

通常，孩子的自信心主要表现在语言、情感以及行为等方面。自信心比较强的孩子比较乐观，自我感觉良好，喜欢与别人交往，愿意追求新的兴趣，从来不会轻视自己，遇到难题的时候不会说“我不会”，而是说“我暂时还不能理解”。反过来讲，缺乏自信心的孩子就比较悲观，说话不能够做到灵活自如，基本上不会主动与他人说话，总是感觉“这个我不行”或者“我什么事情都不能做好”，常常表现出被动、抑郁以及孤独。所以，对于这些自信心不够强大的孩子，作为家长应该帮助孩子建立自信。

斯托夫人支招DIY

当然了，帮助孩子建立自信也是要讲究方法的，不可能盲目进行。那么，作为家长应该如何帮助孩子建立自信呢？我们不妨来参考一下斯托夫人给出的几点建议吧。

●给孩子足够的关爱与赏识

家长应该相信孩子都是为了获得爱与快乐而来到人世间的，也要相信孩子都有许多闪闪发光的优点，应该接纳他、信任他与喜爱他，并且让他感觉到来自父母的关爱，从而产生自信。孩子在满足了基本的生存需求之后，就会自然而然地产生精神追求，而得到赏识便是其中最大的渴望。从这个角度来看，孩子在吃饱穿暖之后，最需要的就是被他人关爱与赏识。

●蹲下来与孩子交流

家长应该经常蹲下来与孩子进行交流，或者与孩子一起做游戏，因为蹲下来不但是一个动作或者姿态，更是一种平等的态度。家长不要认为孩子的年龄还小，什么都不懂。实际上，孩子对于事物有着最为敏锐的视角与最为公正的判断，只不过缺乏生活的经验与知识的积累罢了。孩子不是大人的玩具或者宠物，他们渴望家长能够平等相待。

只有家长蹲下来，才能真正体会到孩子那颗充满渴望的童心，从而促使家长用一种平常的童心去欣赏孩子，孩子就会因为这份欣赏而变得充满自信，家长也会因为这份欣赏而变得无比快乐。所以，在日常生活中，家长不要总是给孩子一种高高在上的感觉，而是要让他感受到自己与父母是平等的伙伴关系，让他在一种轻松自在而且平等的环境中快乐地成长。

●知识技能可以帮助孩子建立自信心

有的时候，孩子也会因为缺乏对自然的了解而产生恐惧，由于对于某种事物的陌生而产生畏惧或者自卑感。孩子的自信心应该建立在必要的知识技能的基础上。家长可以通过丰富孩子的知识技能，让孩子充实自我，慢慢地消除其恐惧心理，让孩子从“我害怕”变成“我不怕”，从“我不行”变成“我能行”，从而保护好孩子天生的自信。

斯托夫人认为，自信是每个孩子的天性中最为珍贵的东西，家长应该保护好孩子的这份自信心，并且通过各种途径让孩子的自信心不断地增强。只有这样，孩子才能够不断地进步，不断地超越自我。

鼓励可以让人变得自信。然而，在现实生活中，很多父母往往会忽视鼓励的重要性，而是错误地认为孩子需要的是教育，而教育就是要靠训话和惩罚来完成。

——斯托夫人

阅读时间：30分钟　　受益指数：★★★★★

不要打击孩子的自信心

自信心是一个人能力的支柱。一个没有自信心的人，是不可能做出伟大成就的。自信心也是开发自身潜能的钥匙。一个没有自信心的人，是不可能开发出巨大的潜能的。所以，自信心是决定一个人成功与否的重要品质，而自信心是从小培养出来的。

故事的天空

左左有一个成绩优秀的表妹，非常得左左妈妈的喜爱。每年圣诞节，左左的姨妈都会带着表妹来家里做客。

左左的妈妈非常热情地招待左左的姨妈与表妹，一起坐在沙发上聊天。左左的妈妈问表妹功课怎么样。表妹很自豪地告诉左左的妈妈，她的功课很棒，除了科学是B之外，其他科目都是A。

左左的妈妈听了之后，开心地说道：“你真是一个好孩子，成绩总是这样好。”

然后，她忽然对左左说：“哦，

我还没有看你的成绩单呢，左左，去把你的成绩单给我拿来看看。”

左左默默地看了看妈妈，慢吞吞地走向自己的卧室。妈妈在外面催促了好几次之后，左左才非常不情愿地拿着成绩单出来了。

看到左左垂头丧气的样子，左左的妈妈似乎生气了。她提高嗓门说：“你又要告诉我坏消息了吗？把你的成绩单拿过来，我看看究竟考得怎么样。”

在妈妈的催促之下，左左才磨磨蹭蹭地将成绩单交给了妈妈，大部分科目都是C。

“左左，你看看你的成绩，我都为你感到害羞。为何你的成绩总是这么差劲？你看看你表妹，人家比你还小两岁，却一直能够保持那样好的成绩！你为什么就做不到呢？你的学习条件与表妹差不多，你就是懒，学习的时候不集中注意力，上课的时候也不专心听课。你简直是我们家的耻辱！现在，马上回你的房间去好好想想，想好了再来告诉我。看到你现在这个样子我就非常心痛，快去，你听到没有？”

左左委屈地看了看妈妈，想说什么又不敢，只好含着眼泪慢慢地走向自己的卧室……

宋姐爱心课堂

故事中，左左的妈妈对左左的教育方式是很有问题的。首先，妈妈对左左根本就没有一点儿信心，因为她还没有看到成绩单就已经断定左左的成绩肯定很差；然后，她又说左左是他们家的耻辱，她为左左感到羞愧，这会让左左觉得自己在妈妈的心中没有任何地位，从而更加认为自己是一个没有价值的孩子；最后，她又拿左左与左左的表妹作比较，使左左开始怀疑自己的能力，对自己也失去了信心。

在现实生活中，很多父母都喜欢使用这种手段，他们错误地以为，告诉自己的孩子别人有多么优秀，就可以有效地激起孩子的上进心，让孩子努力学习，从而取得进步，却不知这种做法不但很难起到预期的效果，而且还很容易打击孩子的自信心。斯托夫人也认为，对于一个从小缺少鼓励与自信的孩子来说，这样的办法只能使他变得更加无能。

斯托夫人支招DIY

一个自信的孩子，可以正确地认识自己的能力与价值，对未来的生活与工作也充满信心，而且会努力做到最好。由此可见，培养孩子的自信心是多么重要。那么，作为父母应该如何培养孩子的自信心呢？

●将赞扬与鼓励作为教育孩子的主导方法

在我们的孩童时代，我们都是通过周围的人，尤其是父母对我们的评价来认识自己的。所以，作为家长要注意，你的孩子是不是自信，与你对他的评价有着密切的关系。绝大多数的家长都持有这样的观点，教育孩子，就得不断地指出孩子的缺点与不足，批评孩子的错误行为，从而让孩子逐渐变好。

实际上，这种错误是不正确的。人不会因为别人的批评而变好。在孩子的生命之初，孩子不知道自己是怎样的人，能做些什么，他需要身边最重要的人，尤其是父母对他的肯定。换句话说，孩子在成长的过程中需要家长不断地鼓励与赞扬，这样孩子才能逐渐建立起自信心。当孩子看见自己在父母眼中是如此好时，他们就会鼓起勇气做得更好。当孩子不断地遭受父母的批评时，他们感到自己是这样无能，不能将事情做好，于是逐渐地对自己失望，看不起自己，失去了自信。

所以，每个家长应该从现在开始，每天试着去发现孩子的优点，并且用欣赏的眼光、愉悦的心情去表扬孩子的优点。只要孩子有一丁点儿的进步，就要及时地给予表扬与鼓励！

●不要拿别人的孩子与自己的孩子比较

不少家长总是喜欢拿孩子班级上学习好的同学，或者自己单位同事的孩子与自己的孩子比较，想要让自己的孩子学习别人孩子的优点或者激发孩子的上进心。殊不知，这种做法是十分愚蠢的。

因为对于孩子而言，这种比较会产生诸多害处：首先，让孩子产生自己比不上别人的感觉，而这种感觉会让其感到泄气，进而产生自卑心理；其次，让孩子产生嫉妒心理，当一个人将精力用在嫉妒别人的时候，他就不可能有足够的精力做好自己的事情；最后，即便激发起孩子向别的孩子学习的欲望，但是盲目学习别人，会让孩子丧失自己的个性与特点，成为他人的复制品，那么他就永远不可能赶上或者超越别的孩子，从而产生低人一等的感觉，最终丧失自信心。

每个家长都应该认识到，每个孩子都有其独特之处即与众不同的个性。所以，家长的任务不是找出孩子的缺点，而是帮助孩子找出他的优势，发展他的个性。

●正确处理孩子的失败与挫折

当孩子考试失败或者遇到其他挫折的时候，他们最需要的是父母的理解与安慰，而非劈头盖脸的训斥，更不是阴阳怪气的嘲讽。

许多家长在遇到孩子考试失败或者其他挫折的时候，想到的第一件事情就是孩子给自己丢了面子，因而十分生气。再加上家长望子成龙、望女成凤心切，这个时候就会表现出非常急躁的情绪。在这两种因素的作用下，家长很容易情绪化地将孩子狠狠批评一顿，更有甚者还可能动用家庭暴力。这极大地伤害了孩子的自尊心与自信心，对于正在承受失败打击的孩子来说，无疑是雪上加霜。

这个时候，家长应该做的是：

第一，冷静地对待孩子的挫折与失败，要心平气和地与孩子谈心，帮助孩子找到失败的原因。

第二，理解孩子的心情与苦恼，让孩子明白，在成长的道路上，失败与挫折是不可避免的，只要吸取教训，继续努力就好。并且，父母不能因为这件事情，就减少了对孩子的关爱。

第三，鼓励孩子继续努力。作为父母一定要对自己的孩子有信心，这样孩子才能够对自己有信心。当父母充满信心并十分热情地鼓励孩子的时候，会大大地激发孩子战胜困难的勇气，恢复孩子的自信心。

每一个孩子都有自己独特的一面，都应该从自己的实际基础发展，而不是跟着别人去做，只有这样，才能在生活和学习中充满自信。

妈妈在教育孩子的过程中，要注意充分发挥孩子的主动性，让他在自己独立做好一件事后，充分享受成功的喜悦，从而提高孩子学习的积极性，树立自信心，走向成功。

——斯托夫人

阅读时间：25分钟　　受益指数：★★★★

帮助孩子体验成功

一般而言，受过挫折的孩子比较坚强，也容易成功。所以，要培养孩子不怕困难、不怕失败的精神，让孩子经历失败，锻炼孩子的逆境生长能力。让孩子体验战胜失败后的成功，为今后的成长打下坚实的基础。

故事的天空

周末，琪琪的妈妈看着琪琪溜达过来，溜达过去，不知道要做什么好。于是，琪琪的妈妈就决定教给她剪纸的艺术。琪琪的妈妈先是交给她对称的剪法。她给琪琪准备好了彩纸，有已经画好的，还有已经折叠过的。

刚开始的时候，琪琪很是好奇，只是选择那些画好的纸张来叠，剪了几个之后，她发现剪纸其实很简单，于是便自己动手折纸，然后自己画着剪。没过多久，琪琪便发现了问题，按照自己折好的纸，剪出来是两半的。这是什么原因呢？

琪琪对妈妈说：“妈妈，这是为什么啊，你快点帮帮我。”琪琪的妈妈并没有立刻告诉琪琪正确的方法，而是让她仔细看看自己画好、折好的彩纸。琪琪的妈妈看着琪琪在一旁认真思考的样子，然后发现她又拿起一张彩纸开始画起来。琪琪的妈妈想要在一边指点，谁知琪琪说：“妈妈，我已经看明白了，让我自己来。”

这一次，琪琪并没有把彩纸剪断，就这样剪了两张之后，琪琪的妈妈说道：“琪琪，你知道刚才为什么会剪断吗？”琪琪说道：“刚才我画的地方不对，应该从中间画，而不是从两边画。”琪琪的妈妈听了之后，说道：“琪琪可真聪明。”琪琪听了妈妈的夸奖，心里很是高兴，在接下来的剪纸中，也显得更有信心了。

宋姐爱心课堂

琪琪的妈妈看到琪琪开心的样子，心里肯定高兴极了。看，在琪琪的心中，是多么想要成功啊，而琪琪的妈妈则是给琪琪提供了一次体验成功的机会。在这样的过程中，琪琪不仅学会了一些有利于成长的知识，还提升了自己的能力。这就是琪琪妈妈送给她最好的财富，让琪琪成为一个善于思考和充满自信心的人。

斯托夫人认为五六岁的小孩子，正是开始步入学校、接触社会的年纪，他们需要面临更多的考验和挑战。这个时候，最需要父母给予鼓励，帮助孩子去体验成功，从而让孩子明白自己的优势所在，得到自信，远离自卑的危机。

有一位著名的心理学家说过，孩子在学习生活的过程中，是否体会过成功的喜悦，将影响孩子在以后的生活和工作中的状态，以及一生的情感发展。所以，父母应该努力为孩子提供创造“成功”的机会，让孩子去体验成功。

每一个孩子都有自己的优点，如果父母善于发现，其实成功就在孩子的身边。比如，孩子第一次在父母的面前发表了自己的看法；提出了一个比较有创意的想法；取得了一次不错的成绩等，这些都是成功的体验。

斯托夫人支招DIY

成功是一种巨大的情绪力量，可以为孩子提供自我表现的机会，也可以为孩子走向成功搭桥铺路。每个父母都希望自己的孩子能成功，妈妈应该让孩子从小就体验成功，因为这对孩子将来的发展十分有利。

●宽松气氛

家庭中应该有一种宽松气氛，让孩子感觉是自由的，他想做什么，在没有危险的情况下，就放手让他去做。要多给孩子创造自己动手的机会，注重孩子独立性格的培养。平时要尊重孩子的自尊心，维护他的独立意识。在孩子做事的时候，不要总是批评、指责，而是要以鼓励为主，让孩子时刻都充满积极性。

●妈妈对孩子期望值不要太高

不要总是拿自己的孩子与别人的孩子做比较，发现孩子在某些方面达不到要求时，父母应该根据孩子的特点进行指点，帮助孩子选择一些适合自己、经过努力能够实现的目标。父母都知道，培养孩子需要一个艰苦、细致、漫长的过程，在这个过程中只有让孩子自己去探索、去完成，去体验成功的喜悦，才能引导他快乐地度过人生启蒙阶段。

斯托夫人小语

家长要尊重孩子、帮助孩子、鼓励孩子，并及时给予指导，让孩子自己去探索、去完成、去体验成功的喜悦，才能引导他快乐地度过人生启蒙阶段。

自信心强的孩子比较乐观，自我感觉较好，喜欢与别人交往，愿意追求新的兴趣，从不轻视自己。

——斯托夫人

阅读时间：25分钟　　受益指数：★★★★★

重建幼儿自信心的三个法则

孩子的自信心通常是通过语言、情感、行为等各个方面表现出来的。孩子的自信心必须是建立在必要的知识技能之上。妈妈可以帮助孩子丰富知识，充实自我，从而使他们消除恐惧心理，让孩子由“我害怕”变为“我不怕”，由“我不行”变为“我能行”。

故事的天空

彬彬刚上幼儿园，他在班级里的成绩一直是倒数的，最为糟糕的就是数学，每次考试他都垫底。彬彬对自己也失去信心，开始不适应学习的气氛，慢慢地竟然不愿意再去幼儿园，不愿意再去面对熟悉的教室、老师和小伙伴。

一天早上，彬彬起床之后，对妈妈说：“妈妈，我可不可以不去上学啊？我在家陪着你一起做家务好吗？”妈妈诧异地问道：“为什么啊宝贝？你不喜欢幼儿园的老师和同学吗？”话音刚落，只见彬彬低垂着头，眼泪已经掉下来了，他呜咽着说：“妈妈，我真的好笨啊，没有考出过一次好成绩，我都不知道自己还能做什么，我不愿意再去幼儿园了。”妈妈听了之后，才知道问题的严重性。

彬彬的妈妈没有再说话，而是走进书房，拿出了一张纸和笔，在上面写了一连串的字，然后把这张纸递给彬彬，说道：“宝贝，你看，你的优点这么多，怎么会这样自暴自弃呢？”只见彬彬妈妈的纸上写着：彬彬很听话，可以主动收拾自己的床铺，这个可没有几个小朋友能做到；彬彬很有才华，在写作文的时候，连妈妈都很是沉醉；彬彬写字很漂亮，以后肯定能成为一名出色的书法家……彬彬看了之后，心里慢慢对自己也产生了自信：我有这么多的优点，最后肯定也会把数学学好的。

就这样，在彬彬妈妈的鼓励下，彬彬又有了自信心，有了面对同学和老师的勇气。

宋姐爱心课堂

父母应该向彬彬妈妈学习，作为父母，不能只看到孩子在学习上的不足，还要看到孩子在其他方面的优点。这样一来，当孩子因为学习而失去信心的时候，父母便可以帮助孩子重建自信心了。

孩子成绩出现下滑情形的时候，如果父母当即对其大声训斥，并且采取了相应的惩罚手段，这样就不利于孩子的发展，会给孩子带来很大的负面影响。一次或者一阶段的考试成绩并不能代表什么，如果家长过于敏感，就会给孩子带来过大的压力。

斯托夫人认为，孩子在失去信心的时候，父母可以抽时间和孩子聊聊天，更多地关注孩子日常的生活和情绪，了解孩子的学习想法，引导孩子用正确的心态去对待学习和生活中的各种情况。

所以，当孩子受挫的时候，父母要及时列出孩子的优点，让孩子明白自己的长处，然后再和孩子一起分析问题的所在，这样一来，就能够帮助孩子更好地学习和生活，让孩子尽快从失去信心的不良状态中调整过来，进而重新建立自信心。

斯托夫人支招DIY

自信心是孩子成长过程中的良药，是孩子一生中不可缺少的，而孩子的自信心又需要妈妈的帮助。

●建设性批评

在孩子做错事的时候，应该先安慰孩子——“嗯，相信你已经用心去做了”，再鼓励孩子从失败中找到经验——“如果稍微注意一点，相信你下次会做得更好”。运用这种积极建设性的态度，孩子才能不断进步，才会有信心与父母沟通问题，目标会非常具体明确。

●妈妈的信任是孩子自信的源泉

每一个孩子都希望得到别人的关爱和赏识，尤其是来自妈妈的。妈妈应该相信每个孩子都是为了得到爱和快乐而来到人间的，也要相信每个孩子都有自己的很多闪光的优点。妈妈应该信任他们、喜爱他们，让他们能感觉到来自妈妈的爱，从而产生自信。

●平等地和孩子交流

妈妈不要认为孩子年龄小，什么都不懂，在生活中总是给孩子一种高高在上的感觉。其实，孩子对事物有独特的视角和最公正的判断，只是缺乏生活的经验和知识而已，他渴望得到大人的平等对待。因此，妈妈应该让孩子感到他们之间是平等的伙伴关系，给孩子一个轻松自在平等的生长环境。所以，妈妈应该经常蹲下来和孩子一起游戏、交流，因为蹲下来不仅是一个动作或姿态，更是一种平等情怀。

父母应该用一种平常的童心去欣赏孩子，使孩子得到这份欣赏而充满自信，而父母也会因为这份欣赏而变得快乐。

爸妈私房话

第五章

让孩子快乐成长，做个幸福的人

父母把所有的一切，包括财富、地位全部交给了孩子，但是孩子不一定会幸福。父母只有给孩子一个自由而又充满爱意的环境，教会孩子怎样抓住幸福，才能使孩子获得真正的幸福。

给孩子一个愉快的成长环境

干净卫生的环境，令人精神愉悦，也体现出一个人的生活态度和整体素养。

——斯托夫人

阅读时间：30分钟　　受益指数：★★★★★

整洁的环境，让孩子拥有好心情

生活在一个整洁的环境里，会让人心情舒畅，在生活中充满活力。正如斯托夫人所说的那样，在一个温馨舒适的家庭中成长，对于孩子来说每一天都是晴天，身体也会更加健康。

故事的天空

三岁半的丁丁是一个非常可爱的小男孩，聪明活泼，招人喜欢。

有一天，妈妈正在大扫除，扫地、拖地、洗窗帘，在家里忙得不亦乐乎。在一旁摆弄汽车的丁丁见到妈妈这么忙，嘟起小嘴问道："妈妈，你为什么不让我给你帮忙呢？"

妈妈微笑着一把把他抱起来，深深地亲吻了一下他的小脸，问道："小丁丁这么乖，妈妈怎么能让你做这么重的家务呢？你只要在一旁看着妈妈就可以了，呀，你看小汽车都跑到厨房里去了！"说完，妈妈把丁丁放下来，看着丁丁一溜烟儿跑到了厨房，拿起小汽车，转身对着妈妈笑起来。

但是丁丁似乎并不那么"听话"，一会儿工夫又在妈妈跟前转来转去了，还时不时地把手伸进水盆里。妈妈见他如此不安分，没有责怪他，因为她意识到，虽然丁丁做不了重活，轻松的还是可以的。于是她把丁丁叫过来，给了他一块小毛巾说：“妈妈现在需要你的帮助，过来和我一起打扫卫生吧，你的任务就是把那边的桌椅擦干净。可不要偷懒哟！”

丁丁高兴地跑过来，接过毛巾，敬了个礼说：“没问题的，长官，聪明的丁丁保证完成任务！”

妈妈说：“不要太骄傲哟，让我来告诉你怎么做。”说着她把毛巾在水盆里沾湿，然后在一把椅子上做了示范。

丁丁很聪明，很快就掌握了擦桌椅的要领，认真地干起来。他干得很卖力，等他擦完桌子椅子，妈妈又分配了他一个新的任务，给屋子里的花浇水，然后摆放整齐。丁丁一边哼着歌，一边跑来跑去，非常高兴地做着妈妈分配给他的小任务。

从此以后，每次家庭劳动，丁丁都会踊跃参加，扫地、擦桌子、洗袜子、倒垃圾一件也不落下，简直成了家里的清洁小超人。最重要的是，丁丁养成了爱劳动、爱干净的好习惯，把自己的小屋子收拾得井井有条。不仅如此，如果看到爸爸妈妈有不讲卫生的行为，他还会绷着小脸，非常严肃地提出批评，并要求他们保证，以后坚决不再犯这样的错误才行。

宋姐爱心课堂

丁丁爱劳动和干净卫生的好习惯是在长期的锻炼中形成的，这和妈妈的正确引导和鼓励是分不开的。如果妈妈娇惯着他，认为他太小，不能干家务，甚至在他想要帮忙的时候坚决否定，就会严重打击丁丁的积极性，时间久了，丁丁也许就会失去参加家务劳动的意识，变成一个“大懒虫”。

干净卫生的环境是每个人都喜欢的，它是人们拥有高质量生活的最基本条件，是我们日常生活的基础。环境是否干净，直接影响到我们的心情，对我们的生活质量和品

位起着至关重要的作用。不仅如此，它还体现着我们的人生态度和整体素质。斯托夫人告诉我们，这对小孩子也是同样重要的。

保持环境的整洁，是斯托夫人日常生活教育的重要部分。她说："维持整洁的环境，应该贯穿于孩子的日常生活中。在家庭里，父母每天都要对孩子的个人卫生进行负责任的检查。小家伙们需要看清楚房间里的物品是不是摆放有序、桌子上是不是干净、地上是不是有垃圾等，同时，还要对不整洁的地方进行清扫。如此一来，他们会对自己的劳动成果格外珍惜，并努力去维持这个干净整洁的环境。经过一段时间，他们就会养成维持环境整洁的好习惯。

一个孩子如果连卫生都不愿意打扫，那他肯定是一个懒人，也不会有多少责任心的，这对他以后的生活和发展很不利。所以，爸爸妈妈不仅要做好他们的榜样，还要引导他们自己去实践，养成讲卫生的好习惯。

斯托夫人支招DIY

干净卫生的环境，会令人心情愉快，精神振奋。因此，要让孩子从小养成保持干净卫生的习惯，自觉维护良好的环境，能够把自己的生活料理好。

●为孩子提供专用的工具

由于孩子的年纪还很小，他们的小手还不能使用成年人的那些工具，所以爸爸妈妈应该及时给他们准备一套工具，小毛巾、小簸箕、小墩布等，不然他们想劳动都不行。

●多给孩子做事的机会

学习大人们做的事，是天性使然，所以当发现他们想帮你时，不要打击他们，给他们一个动手的机会。比如，你在打扫卫生时，不妨给他一把小笤帚，让他也可以体会到劳动的快乐；或者你洗衣服的时候，让他自己洗洗袜子。

●根据孩子的能力安排相应的任务

2—3岁的宝宝可以洗袜子、擦桌子；4岁的时候可以扫地、拖地、叠被子；5—6岁可以试着让他们自己洗衣服。当然，每个宝宝都是不同的，爸爸妈妈要根据他们的实际情况来合理分配任务，这样他们才能干得更好，也更有兴趣做下去。

●正确捡拾地面上的物品

如果要捡起地上的包装袋，告诉他，不要弯腰去做这件事，而是要蹲下来，用双手或者单手捡起来。因为如果弯腰去捡东西的话，不仅显得不雅观，而且还有因失去重心而摔倒的危险。

●教孩子进行擦拭练习

告诉孩子，用抹布擦东西的时候，不要把抹布紧紧攥成一团，而要拿着它的中间去使用。在擦拭过程中，要适当对抹布进行清洗，然后再继续工作。在干完之后，要把它清洗干净，并找个合适的地方晾晒起来。

●扫地、倒垃圾练习

因为孩子的小手还没有太大的力气，所以教他扫地的时候，应该要他一手在上、一手在下两手拿着扫帚。扫地时可以从屋子的一头儿扫向另一头儿，也可以从周围向屋子中间扫，把垃圾集中起来，然后扫进簸箕里，最后倒进垃圾桶。如果看到垃圾桶里的垃圾满了，不要拖延，马上把里面的垃圾袋拎出来，扔到公共垃圾箱里去。

●正确地拖地，不要留下脏脚印

拖地的时候让孩子把墩布向前倾斜，在地板上来回擦拭，并叮嘱他，刚拖过的地上先不要走过去，否则会留下一串清晰的鞋印。

斯托夫人小语

一个人对良好环境质量的要求和维持周围环境整洁的习惯，是小时候逐渐培养起来的。那些从小就在脏乱差的环境中生活惯了的孩子们，长大以后也很难把这种坏习惯改掉。

让孩子有一个能控制的环境非常重要，爸爸妈妈们必须尽力去满足孩子这些成长需要，为他们制造一个自由的成长环境，让他们快乐地成长。

——斯托夫人

阅读时间：25分钟　　受益指数：★★★★★

自由掌控，让孩子成为环境的小主人

环境与人一样，也是有生命的，只有让孩子生活在一个能够自由掌控的环境里，根据自己的想法去行动，他的身心才能健康发展。

故事的天空

4岁的阳阳整天都在发愁，比如说现在，他没有办法把柜子上的变形金刚拿下来了。于是，他费了好大的劲把椅子拖过来，然后试着爬上椅子，却因为自己还不够高，根本爬不上去。不过，这难不倒他，他又把一个小凳子搬了过来。休息了一下，他蹬着凳子爬上了椅子，然后从椅子上歪歪扭扭地站了起来。

他踮起了脚尖，试图用小手够到自己的玩具，不过还是不够高！

这时妈妈发现了他的危险行为，赶紧把他从椅子上抱了下来，并把那个变形金刚交到他手里。

没过多久，阳阳玩腻了，又想让它休息一会

儿。他打算把它放到床上的小摇篮里，盖上被子，让它睡会儿觉。不过，刚才妈妈已经把椅子和小凳子都搬走了，而对于他来说床又太高，他爬不上去！

阳阳开始艰难地拽着床单往床上爬，可这似乎比登山还要困难，这个直上直下的大床也太可恶了，有一次他甚至滚到了地上，不过他一直在努力。

“哦，天哪！你又在干什么？”妈妈赶紧冲了过来，并把他抱到床上去，这才结束了这场攀登。

不仅如此，让他感到发愁的事还多着呢，他整天上蹿下跳的，经常做一些危险的事情，在妈妈的眼里，他是一个淘气鬼，稍不注意就可能有新的状况发生。所以，妈妈不得不把大部分精力都用来跟踪他，以确保他的安全。

妈妈一直为阳阳的淘气感到非常头痛，直到一个朋友来拜访她，她才明白了其中的原因。朋友告诉她，不是阳阳太淘气，其实他只不过是想做点自己的事而已，是父母让他显得这么淘气的。

妈妈感到很难理解，说：“我整天都在做他的保镖，其他基本上什么都不做，这难道还没有做好吗？”

朋友说：“你看这些玩具摆在这么高的地方，阳阳自己能够得着吗？还有，那张桌子那么大，他一定要爬过去才能拿到上面的水瓶。这床也这么高，他自己怎么上得去呢？”

妈妈不得不承认朋友说的是事实。

朋友继续说：“所以，这就是他为什么都要爬桌子、爬椅子的原因了，这也就是为什么他才显得那么淘气了。他整天生活在一个自己完全不能控制的环境里，怎么能过得开心呢？”

宋姐爱心课堂

孩子在生活的环境里获得营养，为自己长大成人积蓄力量。孩子需要对自己生活的环境加以控制，才可以过得开心。然而遗憾的是，很多父母没有给孩子一个合理的、方便他生活的环境，当他想睡觉的时候，却发现床上不去；当他想在椅子上坐一会儿的时候，却发现，自己必须要先爬上去才行，不然还是干脆坐在地上得了。而这时，大人们就会说他不讲卫生，把他抱到椅子上去坐，这样的话，孩子的心里会有多难过？一个孩子，如果一直在不舒心的环境里生活，那么对他性格的塑造，日常行为习惯的养成，甚至智力发育都会产生影响，这对他们的成长极为不利。

斯托夫人认为，环境并不是死的，而是像人一样有生命，是大人们为了让孩子健康成长而精心准备的，这个环境对他们的成长要有积极意义，并且没有不利于他们发育的因素。

这就要求爸爸妈妈努力了，孩子的各个方面都要兼顾。当他困了的时候，能够很轻松地爬上那张小床；当他想进出房间时，不能存在障碍；当他想坐一会儿时，就必须有一个适合他的小椅子在等着他才可以。

孩子必须在一个所有东西都在他力所能及的范围内的环境里生活，如此，才能感受到自己是这个环境的主人，他随便想干什么都可以自己完成。事实上，他的目的很简单，就是可以做自己想做的事，让自己看起来像个成年人。在这样的生活环境里，孩子将会非常积极，他们不但会非常快乐地生活，而且充满无尽的活力。不仅如此，他们还会变成知书达理、不吵不闹的乖孩子。

斯托夫人支招DIY

生活在可以完全由自己支配的环境中，孩子的心情会变得愉悦，身体也会更加健康，那么，父母应该怎样做才可以帮助孩子完成心愿，让孩子健康、快乐地成长呢?

●辅助物要适合孩子身形的大小

孩子要靠周围的环境与辅助物来生活，喜欢使用和他们相配的各种生活用品。所以，桌椅板凳等东西一定要适合他们的大小。比如低低的衣橱和挂衣钩，小小的脸盆，孩子小手可以拿起来的小香皂，可以让孩子自己很容易地爬上爬下的矮床等。当然，假如没有那样的矮床，也可以用一张合适的床垫代替。把孩子的小枕头、小被子在床垫上摆放整齐，他就可以在那里想干什么就干什么了。

●用具要轻便，适合孩子搬动和使用

孩子不但愿意使用那些和他们身材差不多的生活用品，还经常把它们搬过来移过去，尤其是小桌子、小椅子等，因此在给孩子选择这些用品的时候，不单单只是小就行了，还要注意它们不要太重，这样才能保证孩子可以轻松移动。

●在阳台上为孩子设置一个小花园

孩子不仅喜欢玩和休息，还对那些花花草草感兴趣，所以可以在家里的阳台放上几盆漂亮的花。当然，你如果在花盆里栽上葱、蒜等生命力强的植物也可以。这些东西不但可以让他欣赏，还能让孩子给它们松松土、浇浇水，这样他就可以享受耕作和收获的喜悦心情了。

●自然的环境有助于孩子学会控制行为

给孩子设置的环境最好协调自然，比如在餐桌上摆一个漂亮的花瓶，孩子用瓷碗吃饭，用玻璃杯喝水。不少父母害怕这些东西会被他们打碎，于是把它们弃置不用。然而，如果让孩子正常地用这些东西，更能让他学会控制并不断修正自己的行为。因为一旦使用的物品出现破损，就相当于对他的鲁莽和不负责任的行为发出警告。于是，他下次在使用这些东西的时候，就会努力地约束自己，行为会更细心、准确，并渐渐变成这些东西的管理者。如果让孩子使用铁碗或者塑料水杯，就算他把碗和杯子掉到地上也没什么问题，这反而会让他们不知道如何正确使用这些生活用品。

斯托夫人小语

孩子在生活的环境里获得营养，为自己长大成人积蓄力量。给他提供一个无拘无束的活动空间，有利于他进行自我成长训练，并努力地自我发展。这是孩子成长中一个非常重要的条件，是养成一个人良好性格的重要因素。

对于刚出生不久的婴儿来说，环境是非常重要的，婴儿刚刚来到新世界，为了适应这个新的环境而不断努力着。

——斯托夫人

阅读时间：25分钟　　受益指数：★★★★

环境应符合孩子的心理和年龄

孩子必须在一个不被束缚的环境，也就是和他的年龄相匹配的环境里成长，心理才能正常地发展并逐渐成熟。这个环境应该被爱的温暖充满，并含有很多营养，环境里所有的东西都愿意接受他，而不会对他造成伤害。

温暖和宁静，是生命刚开始最需要的关爱，刚来到这个世界的小宝宝对阳光还不适应，对噪声和很多陌生人的亲昵更是反感。现在，他最喜欢的是一个和子宫里一样温暖而宁静的外界环境。

故事的天空

小莎刚出生的小宝宝非常可爱，全家人都对这个新成员关怀备至。

为了让所有的人都能知道自己有多么快乐，小莎把宝宝的照片拿给自己的朋友和同事们看。他们也都一样喜欢这个“小天使”，都说想要见一见他。

小莎见人们都这么热情，决定在周末的时候开一个“天使聚会”，把自己的同事和朋友都邀请到家里，让宝宝在这么多人的祝福下更健康地成长。

到了那天中午，果然来了很多人，门铃一响，从外面大呼小叫着进来一大群人。他们太高兴了，以至于有的吹着口哨，有的哼着歌，有的大声谈笑着。

一位女士迫不及待地冲到育儿室里，把小宝宝抱了起来，仔细看了又看。

“哟！他长得太漂亮了，简直就是一个小天使！我必须要和他合个影才行！”说着就拿出了相机，但是屋里的光线太暗了，因为窗帘还拉着。于是她

把窗帘打开了，窗外的太阳明亮而刺眼，阳光瞬间把屋子照得异常明亮。

阳光照射在宝宝稚嫩的小脸上，他的眼睛紧紧闭了起来，显得十分痛苦。不过激动中的人们并没有注意到这一点。

拍完了照片，另一位女士把一束鲜花送给了小宝宝，并忍不住在他粉嫩的小脸上亲了一口。

宝宝在他们手里传递着，每个人都要细细端详一阵，而其他人则大声谈论着宝宝是多么可爱，自己也想要一个这样的宝宝等。

屋子里就像是一个嘈杂的施工现场。一位女士的长发垂到了宝宝的脖子里，似乎刺痛了他，于是，这个小天使忽然大哭起来。

小莎顿时慌了手脚，赶紧把宝宝接过来搂在怀里。但小家伙还是一直在哭，怎么也停不下来。其他人也开始着急了，是不是这个孩子不欢迎他们的到来呢？

他们赶紧从屋子里退了出去，把窗帘重新拉上，屋子里终于安静了下来，过了很久，宝宝才停止了哭泣，再次进入梦乡。

宋姐爱心课堂

在我们日常的生活里，小宝宝刚一出生，很多亲人朋友就开始迫不及待地纷纷过去探望。大部分人都觉得，孩子的母亲必须安心休息，因为她刚刚经历过分娩的痛苦，而那个刚出生的“小天使”却是人人都能亲近一下的。

然而事实上，刚来到这个世界的小宝宝也是不喜欢被人们随便打扰的，而是渴望能得到一个像子宫里那样温暖舒适的生活环境。

对于母亲来说，分娩是疲乏和痛苦的，但是对宝宝而言，“出生”同样也是经过了猛烈的冲击和巨大的磨难，并且他必须应对这个和子宫一点也不一样的嘈杂环境。

所以刚刚来到这个世界上的宝宝，必须静静地单独待一段时间，和群体分开。在这段时间里，宝宝的身体可以得到充分的休息，而且，这也可以看作是他适应新环境的一个必经阶段。

斯托夫人说："对一个刚诞生的婴儿来说，环境是对他影响最大的因素。如果一个人在还是婴儿的时候被不良因素影响了，那就可能阻碍他一生的发展。"她觉得，新生儿的大多数时间都在呼呼大睡，这是为了对自己的生命进行保护，这样就可以免受太多强烈的刺激。从那个和谐安静的液体世界离开，突然出现在这个充满光明和声响的世界，宝宝的身体和心理都要有一个过渡阶段。

斯托夫人支招DIY

宝宝突然诞生在这个嘈杂的人间，由于环境变得太快太突然，他短时间里根本适应不了。斯托夫人认为，在宝宝出生不久的那段时间里，一定要尽最大的努力，制造一个和母体差不多的生活环境，让宝宝可以有一个慢慢适应的过程，帮助他完成从旧环境到新环境的过渡。

●给宝宝自由，更有利于他的发育

假如屋里的温度适宜的话，让宝宝裸露着躺在一张温暖柔软的小床上是最好的选择，这样就可以使他能像在子宫里那样自由自在地活动。如果要给宝宝穿上衣服，一定要穿那种宽松柔软的，不能让他的肢体伸展受到阻碍。需要把他包裹起来的时候，不要把他的胳膊也包在里面，应该从腋下把他的身体包住，而且要宽松一些，要让他的两条小腿处在自然放松的弯曲状态。

●温暖、安静的家居环境

刚出生的小宝宝对身上暖暖的感觉比较喜欢，这和出生前在妈妈子宫里待着的感觉差不多，所以，要让宝宝的房间里有一个温暖舒适的温度。屋子里的光线应该幽暗一点，不能太过明亮。而那些让人难受的噪声，要离宝宝远远的。不仅要让宝宝住在一个听不见外面纷乱噪声的环境里，家里的人也必须静悄悄的，不要在宝宝附近大声说话。不过不用担心，这样小心翼翼的时间并不需要持续太久，经过足够长时间的休息，宝宝很快就能适应这个新环境了。

●尽量少接触外来的人

为了不让宝宝接受太多的刺激，在他出生的第一个月里，可以降低各种人际来往的次数。除了必不可少的照顾宝宝的人之外，一定要让宝宝多休息，少见人。

●妈妈应多与宝宝交流

斯托夫人认为，妈妈的怀抱是宝宝最温暖的港湾，早在出生之前，他就已经对妈妈的心跳和声音非常熟悉，因此，妈妈一定要尽量多和宝宝在一起，这样才能让他感到安全，帮助他更快地适应外面的世界。哺育宝宝或者在宝宝睡醒的时候，要把他的头尽量地靠近妈妈的胸前，还可以用温柔轻缓的声音向宝宝说一些关爱他的话，唱摇篮曲和儿歌给他听，这些都能让宝宝感觉到妈妈对他的爱。

斯托夫人小语

在婴儿刚刚诞生的前几天里，爸爸妈妈必须要非常小心谨慎，一定要为他制造一个和母体差不多的生活环境，这样他才可以有一个渐渐适应的过程，逐步过渡到新的环境里来。

父母如何和孩子相处

父母和孩子说话，不必有太多顾虑。如果出现错误，就应该大方地承认，不用太过于顾忌自己的面子。与其和孩子争来争去，还不如把精力用来教育孩子。

——斯托夫人

阅读时间：30分钟　　受益指数：★★★★★

和孩子有矛盾时，学会暂时缓一缓

父母和孩子出现争论，是生活中常有的事情，当双方争得不可开交的时候，很可能会说出过激的话来，最后往往不欢而散。事后，父母都会感到非常后悔，但是，如此一来，无论是父母，还是孩子，都会在心里蒙上一层阴影。

故事的天空

一个名叫乖乖的小女孩正在房间里摆弄玩具，她的妈妈便上前询问："乖乖，今天的作业做完了吗？"

"写完了。"小女孩非常肯定地回答道。

"那你的琴练了吗？"

"还没有。"

"没有完成练琴任务就不能在这里玩玩具，赶紧回去练琴。"妈妈用一种命令的口吻对乖乖说道。

此时乖乖正在兴头上，便随口说道："我想先玩一会儿，然后再去练琴。"

妈妈有些不耐烦地说道："不要找借口了，我知道你根本就不想去练琴，好吧，既然你这么讨厌练琴，那以后就不要去学琴了。"

乖乖听完妈妈的话，赌气说道："好，不学就不学。"妈妈见女儿顶嘴，

更是生气，竟然冲到女儿的面前，一把抢走了她的玩具，然后强行将女儿拉到钢琴旁。小女孩也不再反抗，胡乱地弹奏一小会儿。

其实妈妈也知道，这样的情形下强迫女儿，只会让她越来越讨厌钢琴。但是当时正在气头上，根本就管不了那么多，于是便说了那些本不该说出口的话。

接连几天，妈妈发现乖乖不再像以前练琴时那么认真了。此时她终于意识到了自己的错误。后来，妈妈对女儿说道："乖乖，我觉得我们不应该这样，我希望和你重新谈谈。"

女儿停下手里的事情，满脸疑惑地看着妈妈。

妈妈也不着急，平静地说道："其实我并不反对你玩游戏或者玩具，只是不想你花费太多的时间在玩耍上面。你告诉妈妈，你今天都玩了多长时间了？"妈妈问女儿。

乖乖诚实地回答道："我刚刚拿起玩具你就进来了。"

"那你打算玩多长时间啊？"

"我不会玩太久的。我原本打算玩一会儿就去练琴。" 乖乖有些委屈地对妈妈说道。

"好吧，那你就先玩一会儿吧，时间差不多了就要去练琴，你看这样好不好？"

"好的。"乖乖听完妈妈的话，原本沮丧的小脸瞬间露出了美丽的笑容。

宋姐爱心课堂

重新讨论话题之所以能够圆满地解决问题，最主要的原因就是父母和孩子都不希望继续争执。其实，就这件事来说，表面上是乖乖占了上风，但事实上她的心里还是有些惧怕妈妈的。因此，当妈妈提出要和她重新讨论这个问题时，小女孩也可以松一口气了。这样一来，母女之间的僵局就打破了，两个人共同找到了一个较为合理的解决办法，矛盾自然而然就解除了。

人本来就应该学会让步，学会正视自己的错误。即使是父母，做错了事情也要及时承认错误，不要害怕丢了面子，而一味地争执，如此只会在孩子的心灵上留下创伤。

斯托夫人支招DIY

年轻的父母在教育孩子方面缺乏经验。如果这种情况得不到及时有效的处理，会对孩子的身心造成极大的伤害。那么，遇到这种情况父母应该怎样做呢？

- 千万不能对孩子动手

父母跟自己的孩子争论，特别是那些已经懂事的孩子，双方争得面红耳赤，情急之下，孩子很可能会说出一些反叛的话，此时有些父母就会被激怒，甚至丧失理智，一边说狠话一边动手打孩子。这样就让双方彻底陷入了僵局，双方关系长时间得不到缓和。

- 不要拿父母的身份压制孩子

当父母在和孩子因某件事出现分歧时，很多父母都会这样说："小孩子，你不懂，我说了算。"或者"是我听你的，还是你听我的？"或许父母的这种霸道作风在那些年龄较小的孩子身上可以起到一定作用，能够暂时维持看似平静的局面，但是，如果孩子稍大一些或有其他人在场，情况会变得更加严重。

- 转变一下解决方式

这样说并不是让父母妥协，只是暂停争吵，平息一下双方的怒气。父母是成年人，自我控制能力要比孩子强。而且父母平静下来以后，才能更为理智地寻找一种能够和孩子达成共识的解决办法。当双方的情绪都有所稳定的时候，父母再和孩子重新讨论争论的话题，这样的效果往往会比争吵下去好得多。

斯托夫人小语

当父母和孩子因为争论某件事发生冲突时，父母应该为孩子树立起一个好榜样，退一步，让一点，或者重新为该问题找到一个比较合理的起点，转变一下解决问题的方式。这样，在潜移默化当中，孩子就会懂得宽容，善于解决生活中面临的各种问题，化解与他人的冲突。

人与人之间的尊重是相互的，父母和孩子之间也是如此。孩子虽小，但他们也有自己的思想和主见，他们也需要得到别人的理解和认同。

——斯托夫人

阅读时间：30分钟　　受益指数：★★★★★

尊重，需要相互给予

我们都知道，孩子大多时候都很调皮，父母经常被折磨得不耐烦，此时父母应该做的不是指责或训斥孩子，而是应该告诉他你内心的感受，让他懂得如何理解和尊重他人。将父母烦恼的原因告知孩子，这是一项正确的决定。孩子虽小，但他们也要互相尊重，至于能否达到效果，就看父母如何教育孩子了。

故事的天空

一次，4岁的小女孩莉莉和自己的小伙伴们一起出去玩，几个人或许玩得太过尽兴，直到很晚才回家。妈妈非常担心，女儿回来前一直不停地给小伙伴的家里打电话。

正当妈妈着急的时候，听到了“咚咚咚”的敲门声，于是立刻放下手中的电话，朝着房门冲了过去。

当时，妈妈真的很生气，想痛骂莉莉，让她知道自己所犯下的错误。但是妈妈没有这么做，她努力控制住自己的情绪，平心静气地对女儿说道：“上帝保佑，你总算安全地回来了。”

女儿听完之后，笑着说：“妈妈，我一直都在小朋友方宏家里玩，不会出什么事的，您放心吧。”

妈妈依然强忍着怒火，继续微笑着说道：“你应该早点儿回家，因为妈妈在家里很担心，你从来都没有玩到这么晚才回家，所以我非常害怕你在外面会出什么意外。”

女儿听完妈妈的话，一头扑到妈妈的怀里，亲昵地吻着妈妈，说道："妈妈，真对不起，我以后一定注意，早点儿回家，再也不会让你担心了。"

就这样，一场危机化解了，妈妈因为忍住了怒气，出于对女儿的尊重而换来了来自对方的尊重和理解。相反，如果妈妈一开门就斥责女儿，对她大吼大叫，一定会对女儿的心灵造成创伤，对女儿的成长极为不利。

宋姐爱心课堂

孩子尊重父母的前提是父母尊重孩子，在亲子关系上，尊重是相互给予的。

作为一个独立的个体，孩子的内心世界是极为丰富多彩的，父母需要对孩子施加教育和影响，就要事先了解孩子的内心世界，否则无从谈起。家长在教育引导的时候要懂得换位思考，不可以一心只想着让孩子满足自己的要求，而要懂得尊重孩子的意愿与想法，了解孩子的兴趣和爱好。斯托夫人说，家长们不要动辄就斥责孩子不懂事、不听话，而应该首先反思自己的教育心态和方法。交流是需要耐心的，一次不行，就两次三次，要对孩子充满信心，相信他可以做到最好。

而对于孩子而言，他的思想还没有成熟，还不会顾忌其他人的感受。大多数情况下，都会给父母制造很多麻烦，迫使父母围绕着他们转。为此，父母经常生气，但又不好在这么小的孩子面前发作。其实，父母大可不必这样，我们完全可以将自己的感受告知孩子，让他们理解父母的担心。但是，父母在表达的时候，一定要注意说话的方式和语气，否则就会让孩子觉得你不够真诚，而误认为你对他的指责。选择了恰当的方式和语气，就会让他们认识到自己的错误，同时，也可以深刻地体会到父母的疼爱，这样他们才能学会理解父母、尊重父母。

斯托夫人支招DIY

有些父母总是这样想：我是为了他好，为什么他总是不领情呢？为什么他总是违背我的意愿，跟我对着干？当出现这种情况时，父母不妨在自己身上找找原因，或许是因为自己的教育方式不正确，或许是因为自己不够尊重孩子……

●不要把关心变成指责

很多父母都知道向孩子表达自己感受的重要性，但往往在表达的过程中就会变成指责。我们应该知道，无论在何种情况下，指责不会起到被人理解的效果，往往只会激起别人的反抗。寻找一种合适的说话方式和语气，才能起到应有的效果。

●设身处地地为孩子着想

也许孩子还不能理解父母的想法，但是父母在表达自己的感受前一定要顾虑到孩子的想法。只有当父母设身处地为孩子着想的时候，才会尊重孩子的意见，也只有这样才能获得孩子对父母的信任和尊重，同时也能进一步加深彼此间的感情。

●兑现自己的诺言

我们都知道，要想得到他人的尊重，首先应该尊重对方。这样的规律同样适用于孩子和父母之间。父母与孩子会出现矛盾，很大一部分原因就是父母对孩子随意许诺却不能兑现。父母在许诺时往往表现得既慷慨又大方，但最终却因为这样或那样的原因而不能兑现。父母总是说话不算数，慢慢地孩子就不再信任父母，更不要说尊重父母的想法了。试想，孩子虽小，但他们也不会去尊重一个不值得自己信任的人。

斯托夫人小语

在养育孩子的过程中，我们应该选择一种合适的方式将自己的感受明确地告诉孩子，这样一来，往往会让父母收到出乎意料的效果。在这样的教育下，孩子不会只顾着自己，而不管他人的感受，他会变得比较理智，尊重别人的意见。

人人都有自尊心，孩子也一样，如果父母能够认识到这一点，那么许多不必要的麻烦就都可以避免了。

——斯托夫人

阅读时间：30分钟　　受益指数：★★★★★

不能践踏孩子的自尊心

孩子的心非常稚嫩，我们应该对其加倍呵护，尤其不能伤害到他们的自尊心。我想这一点凡是有责任心和爱心的父母都会提起注意。然而，这件事做起来并没有那么容易，大多数父母往往会在不经意间伤害到孩子的自尊心，这的确是令人非常痛心的事情。

故事的天空

涛涛非常聪明、懂事，在他6岁的时候就经常帮助妈妈做一些家务。

有一天，妈妈带着涛涛从超市购物回来，没有等到妈妈开口，他便帮着妈妈将买来的东西全部搬进了厨房。妈妈从厨房返回来的时候，看见涛涛正抱着一大堆的玻璃瓶，有些担心会伤到他。便开口说：“涛涛，还是分两次拿吧，否则你会将瓶子打碎的。”

涛涛冲着妈妈笑笑说：“妈妈，没关系的，

我每次都是拿这么多的。”

妈妈仍然想让他放下一些，继续劝阻道：“你不听我的话，一定会将瓶子打碎的。”

涛涛假装没有听到，继续往厨房里走。可是刚走进过道，涛涛的手就有些松了，瓶子接连不断地从怀里掉下来，汤汤水水地弄了一地。

母亲看着眼前的情景，又想起涛涛不听劝阻，顿时气得火冒三丈，冲着涛涛大声嚷道：“你在搬东西的时候，我就告诉你要分开拿，可你就是不听话！你看，地板被你弄得乱七八糟。”

涛涛听完妈妈的训斥，本来就感觉惭愧的他一下子恼羞成怒，将手里完好的瓶子全部扔在地上，跑回了自己的房间。从此，涛涛不再爱和妈妈说话，而且再也不帮妈妈干家务活了。

宋姐爱心课堂

每个人都有自尊心，孩子也不例外。但是，很多家长在日常生活中，经常有意无意地伤害到孩子的自尊心。

其实，涛涛在摔碎瓶子的那一刻，已经认识到了自己的错误。而错误本身就能对他起到最好的教育效果，这要比母亲在事前做出警告，事后对其训斥的效果好得多。可是，涛涛的母亲并不知道这一点，而是对其采取了非常极端的方式，不仅严厉地责备了涛涛，而且没有给其留任何颜面。尽管此时只有他们两个人，涛涛的母亲也应该体会一下孩子的心情，然后在孩子意识到错误时给予适当的安慰，维护孩子的自尊。

或许很多家长有所不知，对于孩子来说，在遭遇父母的斥责时会感到紧张、恐惧、没有安全感，心理上也会遭受很大的伤害，自尊心遭到践踏，产生自卑感，因为失望、惭愧、恼羞而产生敌对心理。

在这样的环境中成长的孩子，心理压力大，时常感到恐惧和不安，性格容易变得内向。而且，当他们被家长用污言秽语责骂时，会感到极度厌恶和愤怒，但是却又在潜移默化中学会了污言秽语，从而施以他人。

斯托夫人支招DIY

孩子的心灵非常脆弱，他们和我们一样，也需要维护自尊。所以父母不要总是用自己的想法去约束孩子，尤其是孩子犯下错误时，安慰要比训斥更加有效。

●照顾到孩子的自尊

在生活中，很多父母只顾着维护自己的自尊，而忘记了顾虑孩子的感受。尤其是当孩子出现了叛逆举动，父母立即对孩子加以指责，甚至大发脾气。其实，此时孩子早已经感觉到委屈，自尊心也受到了严重的伤害，但父母仍然没有认识到问题的严重性，认为孩子太小，根本就不懂得什么是自尊。

●不要拿伤害孩子的自尊作为惩罚手段

有些父母虽然懂得这一点，但他们仍然以此作为惩罚孩子的手段，有意地伤害他们。其实，这样的做法对孩子的成长没有任何好处，反而还会对其心灵造成严重的创伤，也可以说，这是一种非常愚蠢的做法。

●棍棒底下未必出孝子

在中国，很多父母都遵循着“棍棒底下出孝子”的教育原则。只要发现孩子犯了错误，对其惩罚方式非打即骂。其实，这是非常错误的做法，要知道，孩子幼小的心灵非常脆弱，父母如果不精心呵护，很容易让他们受到打击和伤害，而且这种伤害很可能伴随孩子的一生。

斯托夫人小语

孩子犯了错误，父母可以对其适当惩罚，但千万不要伤害孩子的自尊心，而应该找到一种不伤害孩子自尊心的方式对他们进行教育，既能让他们明白道理，也可以让他们认识到自己的错误。最重要的是，父母要知道，每个孩子都有自尊心，千万不可偏信“孩子小不懂自尊”的谬论。

让孩子学会抓住幸福

世界上的一切事物都是相对的，如果一个人只知道关心自己，那他就得不到别人的关心。一个人如果没有爱心和同情心，永远也不会得到别人的尊敬和喜爱。所以，爱心对一个人来说非常重要。

——斯托夫人

阅读时间：30分钟　　受益指数：★★★★★

教会孩子什么是爱心

如果没有爱，就不会有幸福。现在的孩子总是一味地向父母索取，而不会付出。孩子为什么会变成这样呢？根源就在于父母，父母的溺爱让孩子养成自私自利的性格，常常以自我为中心，对人、对物都没有爱心。所以，作为家长应该从小培养孩子的爱心，让孩子懂得爱人。

故事的天空

一次，莉莉妈妈下班回家，走到小区里看见莉莉和邻居家的洋洋在用石头打一条小狗。小狗被石头打中之后，发出了可怜的叫声。见到这种情景，妈妈急忙上前阻止他们，并问道：“你们为什么要打那条小狗？”

“它长得太丑了，脏兮兮的，一点也不可爱……”洋洋说。

“我怕它会咬我，所以想把它打走……”莉莉指着逃跑的小狗说。

“莉莉，小狗咬你了吗？”妈妈生气地问道。

“没有，我只是担心它咬我。”莉莉说。

妈妈说：“它只是看着你，并没有咬你，那条狗那么小，是不会伤害你的，更不会过来咬你。”

这时候，洋洋不服气地说："可是它长得太脏太难看了……"

妈妈微笑着说："洋洋，不可以这样的，我们不可以因为小狗又脏又丑就不喜欢它，相反，我们应该爱护它，给它洗一洗，就变得可爱了呀！"

妈妈接着说："洋洋，莉莉，每一个生命都需要被尊重，你们这样对待一个无辜的生命，它会伤心、难过的。如果我们可以对它付出爱心、关心，它也会爱护、保护我们的。"

这时，两个孩子都羞愧地低下了头，不再说什么了。

宋姐爱心课堂

如果没有爱，社会将会变成一片荒漠，爱心是社会的灵魂。从一个人的个性发展来看，如果想要幸福，首先要有爱心。爱心需要后天培养，潜移默化地渗透，在这个过程中，家庭是爱心培育的基地，父母是孩子的爱心播种者。

在生活中，不少父母都抱怨自己对孩子疼爱有加，但是孩子却自私自利，不懂得关心父母、关爱他人。古人云："人之初，性本善。"其实并非孩子天生就缺少爱心，而是因为父母对于孩子的溺爱、不注重自身的教育方式等，将孩子的爱心在无意之中剥夺了。现在的孩子从小生活在富裕的环境中，在家里，孩子可以享受很多的"特权"和"优惠"，父母总是在有意无意中谦让着孩子，这就造成了孩子缺乏爱心的现象。

斯托夫人说过，6岁以下的孩子很多都喜欢欺负小动物，改变孩子喜欢欺负小动物的习惯，关键在于如何引导孩子，用什么方式去培养孩子。因此，父母在责备孩子缺乏爱心的同时，也要开始培养孩子的爱心。比如从爱护小动物开始。

爱心是一个慢慢培养的过程。在家庭教育中，要善于发现孩子的闪光点，要从点滴的小事做起，例如尊敬长辈、同情弱者等，这些都是爱心的表现。

斯托夫人支招DIY

对于每一个人来说，爱是非常重要的。只有孩子心中充满爱，才会感受到快乐和幸福，那么如何培养孩子的爱心呢？

●教会孩子感受爱

很多孩子把父母对自己的关爱，当成是理所当然的，非常冷漠。为什么会出现这种情况呢？因为父母没有及时提醒孩子感受别人的关爱。所以，父母的首要任务是教会孩子感受爱，有了爱的感觉，孩子才会感受爱，进而付出爱。

●教会孩子说“谢谢”

当孩子接受别人的帮助时，父母要及时提醒孩子说“谢谢”。 感恩的一个重要方式，就是多说“谢谢”。 “谢谢”培养了孩子的感恩之情，让孩子学会尊重、感谢别人。

●给孩子爱的机会

有很多的父母，没有给孩子爱的机会，比如孩子给父母倒了一杯水，父母就让孩子赶紧去学习，学习比什么都重要，这样，孩子萌发的爱心就被父母打消了。父母要反思自己的教育方式，当子女关心自己的时候，要接受并给予表扬。

●教会孩子珍惜小动物和植物

让孩子种植花草和饲养小动物，在照顾花草和小动物的过程中，学会爱护花草和小动物，学会善待生命。

●父母的言传身教

父母是孩子的一面镜子，孩子是父母的影子。父母的一言一行都会影响到孩子，所以父母首先要对生命富有爱心。

斯托夫人小语

一个有爱心、善良的人是非常受人欢迎的。但是，孩子在成长过程中，会受到很多因素的影响和制约，有可能就会失去爱心，因此，父母应该培养孩子的爱心。

只有让宝宝感知到了快乐的存在，然后进一步感知幸福的样子，宝宝才会慢慢懂得什么是幸福，也就会拥有敏锐的感知幸福的心灵。

——斯托夫人

阅读时间：25分钟　　受益指数：★★★★

培养孩子感知幸福的能力

感知幸福，也是影响宝宝一生的能力之一。宝宝只有在小的时候学会感知幸福，进而懂得幸福，那么他长大之后才会寻求幸福，创造幸福，成为一个幸福的人。感知，是很细腻的东西，感知幸福就是用宝宝纯洁的心灵去感受生活的幸福，当宝宝懂得了幸福，他就会成为一个真正幸福快乐的人。

故事的天空

有一家幼儿园，在上课的时候，老师问孩子们：“你们幸福吗？”孩子们异口同声地回答：“幸福！”老师接着问：“那你们在什么时候会感觉幸福呢？”孩子们一时鸦雀无声，他们看向老师的眼神里写满了迷惑。

过了一小会儿，有一个孩子举起手来，回答说：“我过生日的时候最幸福。”老师不失时机地鼓励孩子：“嗯！你说得很好。那你的生日是怎么过的呢？”得到老师的认可后孩子打开了话匣子："爸爸给我买了好多玩具，还有生日蛋糕，妈妈还带我去游乐园玩！"老师笑着对发言的孩子说："你的生日过得真幸福啊！"

接着，很多小朋友都将手举了起来，"和爸爸妈妈去公园玩很幸福""妈妈给我买糖葫芦很幸福""我背上新书包时很幸福"……孩子们七嘴八舌说得越来越多，老师在一边开心地听着他们的回答，觉得这个世界被幸福包围了。

后来老师又给孩子们讲了话多穷人家孩子艰苦生活的故事，这时又有孩子说："老师！我们能坐在宽敞明亮的教室里上课，就是幸福。"另外还有孩子不甘示弱地说："能和爸爸妈妈在一起生活，就是幸福的。"那些充满稚气的童音争先恐后地道出了自己感受到的幸福。

宋姐爱心课堂

很多时候，大人们都尽可能地把美好的事物塞到孩子的手中，却忽视了让孩子自己感受幸福的能力，而幼儿园的老师在询问孩子们什么是幸福的时候，孩子们的回答似乎超出了大人们的想象。或许在大人眼中，孩子根本不会考虑得那么深远，殊不知，在孩子心中，却有着和成人一样的感知能力。要让孩子学会感知幸福，抓住幸福，成为一个幸福的人。

幸福，是一种内在感知的体验。幸福对于每个人都是公平的，它存在于生活的角角落落，存在于人们的心中。幸福需要我们自己去感知，一个人拥有细腻的感知幸福的能力，那他就会一直拥有很多的幸福，才会将生活的每一天都过得舒适、坦然、快乐。

一直以来，我们的孩子在父母的悉心呵护下，习惯了衣来伸手、饭来张口，而忽略了幸福的存在。其实，幸福存在于人生中的许多时刻，它就在我们的感知中。可以说，孩子们的每一份快乐感受都是他们的幸福。

斯托夫人支招DIY

那么怎样去培养宝宝感知幸福的能力呢？斯托夫人给了我们以下意见。

●父母的幸福感关系到孩子的幸福

讨论孩子的幸福之前，父母们要先问问自己是否幸福。每个孩子来到这个世界，首先接触而且朝夕相处的就是自己的父母。父母就是孩子的榜样和模仿对象，他们是孩子的晴雨表。如果父母在孩子眼里一直是幸福的样子，孩子就会牢记那种样子，然后自己也去感受那种表情背后的东西，等他长大后自然就会去寻找儿时记忆里幸福的样子。只有在幸福的父母身边，孩子才能够学到感知幸福的能力。所以，父母一定不要在孩子的生活里留下不幸福的阴影，尽量不要在孩子面前争吵、生气等。

●帮孩子感受幸福

孩子和父母是完全不一样的。他们对自己生活的环境没有偏见，而且好奇心和求知欲非常强烈。他们总喜欢自己去探索那些未知的东西，也喜欢在遇到自己解决不了的困难时寻求父母的帮助。在这个过程中，父母要把幸福感当作一件神圣的礼物，认真地送给孩子。用自己的爱、细心和耐心去呵护孩子幼小的心灵，让他们能真切感觉到父母带给他们的幸福。

●让孩子在与外界的交流中感知幸福

父母要多给孩子一些与外面世界交流的机会，哪怕只是带着他去外面走走，孩子也会感到无比幸福和满足。梦想虽然不是当下现实，甚至成为现实的可能性很小，但有梦想的那段时间，是幸福的。换言之，有所愿望、有所想要、对于未来有所希望之时，就会感到幸福。家以外的世界有着许多孩子没接触过的东西，这些东西能够加强孩子的感受能力，对于孩子感知幸福的能力会产生很大的帮助。

●帮助孩子珍藏自己的幸福

父母要帮助孩子学会珍藏自己幸福的记忆。比如，给孩子拍一些幸福生活的照片，并让他用自己的语言去描绘自己的感受，用简单的字句记录下来。这样能够帮助孩子更多地记住那些让他感觉快乐的事情。没事的时候翻出来看看，将那些快乐的时光重现，会使孩子更加清晰地感觉生活很快乐和美好，会在他们心里渐渐产生幸福的感觉，而且，这样孩子就容易将幸福感长久保持下去。

父母可以通过认可孩子的方式，给他信心，让他意识到自己的价值，孩子拥有了信心，也就会慢慢地学会去寻找幸福，感知幸福。

我觉得，要想做一个幸福的人就要满足很多条件，其中一条就是必须敢于追求幸福。也许有人会问："难道还有人不知道追求幸福，不敢追求幸福吗？"我觉得没有几个人能回答这个问题。其实，并不是人人都会追求幸福，反而是很多人不会追求幸福。尤其是在这个竞争激烈的社会中，很多人已经丧失了原本具有的追求幸福生活的能力和信心。

——斯托夫人

阅读时间：25分钟　　受益指数：★★★★★

让孩子勇于追求幸福

在竞争日趋激烈的社会中，孩子从小就感受到了巨大的压力，而不是幸福快乐，长大之后又怎么懂得去追求幸福呢？每个人都想要幸福的生活，但很多人都没有追求幸福的勇气，这样的人生是不幸的。

故事的天空

小佳的妈妈从一开始就希望把小佳培养成一个拥有平和而快乐心态的孩子。

有一天，5岁的小佳在书桌旁坐着，她看上去很不安，无法像平时那样聚精会神地学习。她一会儿晃晃腿，一会儿挠挠头，好像很焦虑。

妈妈赶紧走过去问她："小佳，你今天是怎么啦？哪儿不舒服吗？"

她没有说话，仍然是一副焦虑不安的样子。

"你到底怎么了？能告诉妈妈吗？妈妈都着急了。"妈妈关切地问。

"我被一道数学题难住了，快急死了。"小佳说。

"做不出来，先休息一会儿，让脑袋放松一下，一会儿再做吧。"妈妈松了一口气，原来只是一道数学题而已。

"不，我现在一定要把它做出来。"小佳倔强地说。

小佳是一个好胜心强的孩子，遇到难题时，总是想方设法地解决。可能今天这道题真的是太难了，她就有些着急了。

妈妈安慰她说：“没关系，这道题太难了，你不要为难自己。”

小佳问：“可是妈妈，是你告诉我不要害怕困难的，为什么现在却劝我放弃呢？”

妈妈说：“没错，我们是要勇敢地面对困难，但是超过自己能力范围的事情，就没有必要为难自己。这道题今天做不出来没关系，也许你休息一会儿就做出来了。”

小佳沮丧地说：“如果我做不出来，不是说明我很笨吗？”

妈妈说：“不，一道数学题并不能证明一个人是聪明还是笨，因为要从一个人的很多方面来看。这件事做不好，你还有其他的很多事情能做好，比如音乐、绘画。”

小佳的情绪好了很多，说：“妈妈，我明白了。”

妈妈说：“我只希望你做一个幸福快乐的人！”

听了妈妈的话，小佳决定不做数学题了，她到外面玩了一会儿。当她重新坐在书桌前的时候，居然很轻松地就做出了那道数学题。

宋姐爱心课堂

通常情况下，很少会有妈妈像小佳的妈妈那样，当孩子遇到难题的时候，会让她出去放松一下，不能让这一道题影响了女儿的情绪。而很多妈妈在遇到这种情况的时候，便让孩子想破脑袋，也得把那道题想出来不可。

在中国应试教育的体制下，孩子从小学开始就拥有了沉重的学习负担，不仅如此，父母还给孩子安排了各种培训班，没有给孩子留下一点空闲时间。每天，孩子从早学到晚，他体会到的是巨大的压力，父母剥夺了他享受幸福和快乐的权利。父母们肯定感到很冤枉，做的这一切难道不是为孩子的将来着想吗？但是如果孩子从小到大都不快乐，这就是父母想看到的结果吗？这是值得所有家长深思的问题。

如果父母从小就剥夺了孩子享受生活、享受快乐的权利，给孩子的个性造成无法弥补的裂痕，孩子长大之后不会享受生活，也绝对不会成为一个幸福的人。在我们的周围，有很多人只知道工作，而忽略了生活带来的快乐。其实只会工作的人不仅没有得到快乐，而且可能连工作也无法做到最好。一个懂得从生活中寻找快乐的人，却往往能把工作做好，而且从工作中找到幸福和快乐。

斯托夫人说："很多父母都知道应该为孩子的将来着想，但是大家往往只看重孩子的成就和发展，而忽略了最重要的方面——孩子的幸福。一个人无论在事业上取得了多么辉煌的成就，如果他已经丧失了童趣，那么他终将是一个非常乏味的人，永远都无法获得真正的快乐。"

斯托夫人支招DIY

父母都希望自己的孩子获得幸福。但是幸福并不是先天就有的，而是在后天的学习中获得的。父母要怎么做，才能让孩子得到幸福呢？

● 父母引导孩子追求幸福

帮助孩子树立健康、向上、乐观的人生观，让孩子在成长的过程中找到快乐，享受幸福。只有培养出孩子健康快乐的心境，才能养成健全完善的人格。

● 根据孩子的兴趣，不能强迫孩子

不要给孩子过多地报各种学习班，强迫孩子学习，而是给孩子提供足够多的信息，让孩子自由选择。如果孩子失去兴趣，千万不能强迫孩子。

● 教会孩子放松，多多参加户外活动

在节假日的时候，父母带着孩子到公园、景点游玩，让孩子感受自然、感受美。父母要鼓励孩子参加公益活动、体育活动和社会实践活动。

● 教会孩子作选择

父母不要什么都替孩子作决定，有些事情父母可以放手，让孩子自己作选择、负责任，这样孩子也就渐渐学会做让自己幸福、快乐的事情了。

斯托夫人小语

很多人因为忙于生活和工作而忘了生活的初衷，麻木得就像一台不停运转的机器，根本就感觉不到生活中的任何激情和欢乐。这样的生活，只是一台时间的机器，根本谈不上幸福和快乐。而人一旦失去生活的快乐，就没有幸福可言，那么生命也就变得暗淡无光、毫无意义了。

给孩子一些鼓励，让他们更有自信

我觉得，鼓励有助于培养孩子的自信心，它能为孩子提供实现自我的机会。它能让孩子明白，他有能力在感兴趣的领域有所成就，有能力对周围的事物及自己的生活产生影响。

——斯托夫人

阅读时间：30分钟　　受益指数：★★★★★

夸奖，让孩子乐观成长

在孩子内心感到痛苦或者信心不足的时候，父母对他们进行严厉的指责是不可取的。如果这个时候，父母能给孩子一些温暖，并且及时地鼓励他们，给他们一些夸奖，那么他们就可以重拾信心，将原本做不好的事情做好。

故事的天空

3岁的美美是一个酷爱画画的小姑娘，只要一有时间就躲在自己的房间中画画。但是，不知道为什么，美美已经好几天没有画画了，并且每天还闷闷不乐。妈妈对此感觉很奇怪。为了帮助女儿重拾画画的热情，妈妈与美美谈了一次话。

“美美，告诉妈妈，你这是怎么了？为什么这几天都没有画画，并且闷闷不乐呢？”

美美听到妈妈的问题后，并没有回答，只是低着头小声嘟囔着什么。

“告诉妈妈，你现在是不是不喜欢画画了？没关系，如果你真的不喜欢了，妈妈也不会勉强你的。”

“不，妈妈，我喜欢。”

“那为什么最近你都没有画画呢？”

“因为……因为我总是画不好。”美美低声地说。

“怎么会呢？我看你一直都画得挺好的啊！”

“不好，一点儿也不好。”

“既然这样，那你能不能把你的画给妈妈看看呢？”

“不好，我的那些画都不好看。”

“没关系，给妈妈看看吧，我们又不给别人看，或许我还能为你提供帮助呢。”

于是，美美跑回她的房间，将她所有的画都拿出来了，一副非常难为情的样子。

看着女儿的画，妈妈不停地夸奖：“哦，你看多美啊！这么好看的画，你为什么说画得不好呢？”

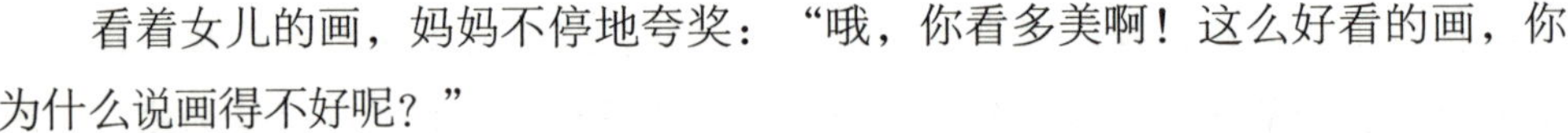

“但是，太阳是圆的，我总是画不圆。不知道怎么回事，只要是圆的东西，像苹果、小球什么的，我都画不好。”

“宝贝，这些东西不必非得画那么圆的！”

“但是卡特就可以画得很圆，他经常拿这个取笑我。”

“美美，你还记得妈妈曾经带你看过的那些画展吗？你好好想一想，有没有哪个画家将苹果、太阳这些东西画成正圆的呢？”

“没有啊。”美美想了一会儿说。

“是呀，那些大艺术家都没有将圆的东西画得那么圆，你为什么非要那样做呢？一幅好画应该是生动而富有感情的，只有绘图员才会将线画得非常直，将圆画得非常圆。你又不是绘图员，根本不需要那么做的。”

美美没有听懂妈妈的话，满脸疑惑地看着妈妈。

于是，妈妈又将画家与绘图员的区别给美美讲了一遍，让她知道，卡特对她的评价是错误的，而且，妈妈还从美美的每幅画中都找到了一些优点给予夸奖。美美睁着大眼睛，认真地听着妈妈话语，心里的疙瘩终于解开了。从那之后，美美消除了心理障碍，又恢复了对画画的兴趣，而且越画越好。

宋姐爱心课堂

其实，对于美美这个年龄段的孩子来说，画画的目的不是看他画得好不好， 而是他要有信心一直画下去。当然了，如果在赞美孩子的同时，能够再传授给他一些正确的知识，那就等于锦上添花了。

但是，在现实生活中却有很多年轻的父母都不懂这个道理。他们非常吝啬自己的赞美，面对孩子取得的进步，极少夸奖孩子。但是，倘若孩子犯了错误，他们则会立即毫不留情地把孩子狠狠批评一顿。这不仅伤害了孩子的自尊心，而且还打击了孩子的自信心。

所以，要想成为合格的父母，就应该听听斯托夫人的建议：夸奖可以让孩子对感兴趣的事情做出积极的反应，也可以帮助他们学会一些生活技能。孩子在拥有这种能力之后，才有希望在以后的个人生活与社会交流中做得更好。

斯托夫人支招DIY

作为父母应该怎样夸奖孩子，才能够让孩子乐观地成长呢？

● 赞美必须是发自内心的

夸奖应该是发自内心的，是真实的、客观的，不要夸大，也不要缩小。如果孩子在学某种东西时，屡屡受挫，而父母为了鼓励孩子，违心说道：“宝贝，你做得很好，你是最棒的！”这样名不副实的夸奖只会让孩子觉得大人虚假，不值得他们信赖。

● 夸奖孩子做事的过程而不是结果

夸奖孩子也是一门很深的学问，除了夸奖结果外，我们应该更多注重夸奖过程。父母应该看到孩子在过程中所表现出来的毅力和努力，如果没有这个努力的过程，那么也就不可能得到满意的结果。所以，父母不能单纯地对孩子取得的结果夸赞不已，也要让人知道，孩子在这个过程中是最为优秀的。

● 消除孩子的功利心

父母夸奖孩子的时候，这在孩子心中也有了某种期待，例如，他期待着下一次也能够得到父母的夸奖，并且会为了夸奖而继续努力，而这也很容易让孩子走入功利心的误区。所以，父母应该根据孩子的年龄，逐渐减少对孩子的夸奖次数，让孩子知道，做好某一件事情是他本身应尽的责任。

●让别人夸奖孩子

父母还可以请别人来夸奖孩子，让孩子意识到自己能够得到很多人的认可，比如亲戚、朋友等。而至于从哪方面夸奖，倒没有统一的要求。相反，更多的人从不同的方面去夸奖孩子，所取得的效果会更好，这样还能够引导孩子去思考他人的赞美，让孩子明白自己的行为是正确的。

●夸奖要适当

有一些父母，不光给孩子精神上的奖励，而且还会给孩子物质奖励。没错，物质奖励也是夸奖的一种方式，不过太多的物质奖赏会起到不好的效果。所以，物质奖赏应该要适当，不能将此作为惯用的手段，更不要给孩子买很昂贵、奢侈的物品，应该尽量让孩子自然地感受物质的喜悦，这才是比较理想的状态。例如，孩子非常喜欢吃糖，那么父母就可以提前买一些糖放在家里，等到了适当的时候，可以当作奖品奖励给孩子。

斯托夫人小语

在孩子犯错的时候，父母可以用正确的方法进行劝说与引导，及时地给孩子一些温暖与关怀，让孩子感受到父母强大的支持，这样孩子就会更加努力去做好每一件事情了。

每个孩子都有自己的缺点与优点，不要拿他人之长比孩子之短。

——斯托夫人

阅读时间：30分钟　　受益指数：★★★★

不要用他人之长来比孩子之短

在现实生活中，很多父母往往对自己的孩子期望过高，没有给孩子留下逐渐进步的空间。甚至有些父母还经常埋怨孩子进步慢，总是喜欢拿别人孩子的长处与自己孩子的短处相比。殊不知，这种做法对孩子的成长是非常不利的，孩子不但很难得到良好的发展，而且还可能会永远停滞不前，甚至会倒退。

故事的天空

威威是一位大学教授的孩子。自从这个孩子出生之后，就一直生活在别人的赞美声中。大家都夸奖他聪明、帅气，但是如今刚满6岁的威威却总是一副心事重重的样子。

因为威威的爸爸是一位大学教授，认识很多才华横溢、品学兼优的孩子，所以爸爸就常常拿威威与那些大学生做比较。

有一天，父亲刚刚回到家就对威威说："威威，你的表现简直太差劲了！"

"怎么了？为什么要这样说我？"6岁的威威不解地问道。

"我有一个14岁的学生。你知道吗？这个孩子的学习成绩相当好，现在就已经上大学了……"

面对父亲的责难，威威知道今天又躲不过这一劫了，于是低着头，不说话。

"你不是很有本事吗？我看别人对你的赞美真是过分了。"

尽管威威平时的学习成绩并不是最优秀的，但是他真的很想做一个各方面都是一级棒的孩子，所以他一直在默默地努力着，并且正在逐渐进步。但是，父亲总是拿这种话刺激自己，威威再也忍受不了了。

"行了！我就是没本事，你说怎么办吧？"

"好呀！你还学会顶嘴了，我从来就没见过像你这么没出息的孩子，总是认为自己有多了不起，实际上却什么都不行。"

"我就是这样的，如果你觉得我不好，不喜欢我，那你以后就别再管我了。"

"我是你爸爸，我不管你谁管你？"

"哼，你是我爸爸？我不需要你这样的爸爸。"

接着，爸爸与儿子就开始了激烈的争吵，最后，爸爸甩了儿子一个耳光，争吵就这样结束了。

从此之后，威威再也不想着怎么努力学习了，而是与外面一些比他大的坏孩子混到了一起。

宋姐爱心课堂

威威天生就是一个不听话的坏孩子吗？他天生就是一个特别蠢的孩子吗？很显然，答案是否定的。虽然威威的爸爸是一位大学教授，但是他却不懂得给孩子进步的空间。在孩子非常失意与无助的时候，他不仅没有给孩子足够的温暖与鼓励，反而拿自己孩子的短处与别人的长处作比较，深深地伤害了孩子的自尊心，打击了孩子的自信心，导致孩子开始自暴自弃，最终走上了歧途。

作为一名教授，本应该是一个兼具智慧和修养之人，可是他却不懂得运用合理的方法教育自己的孩子。

在斯托夫人看来，孩子的成长需要一个过程，而在这个过程中，父母的鼓励便是孩子的助推剂，如果父母只是一味地用别人的长处来比较孩子的短处，却看不到孩子身上的优点，那么这样将会给孩子的身心造成莫大的伤害。

斯托夫人支招DIY

在教育孩子的过程中，用他人之长来比自己孩子之短显然是很不正确的，这种做法应该予以舍弃。那么，父母到底应该怎么做呢？

● 多看看孩子的长处

作为父母应该给孩子足够的成长空间，不能因为别人的孩子能怎么怎么样，而自己的孩子不能，就对孩子加以批评指责。明智的父母都懂得多看看孩子的长处，或许在其他方面，自己的孩子可能比他人做得更好呢。只有看到孩子的长处，并且及时给予鼓励，才能让孩子在成长的道路上信心十足地往前走。

● 让孩子自己与自己比较

当孩子自己与自己进行比较的时候，他就会看到自己的今天比昨天进步了，因而欢呼雀跃。孩子知道经过自己的努力是可以进步的，自信就会在一点一滴中积累。

斯托夫人小语

倘若父母用自己孩子的短处比别人孩子的长处，以此来刺激孩子，不仅不能激励孩子前进，反而还会打击孩子的自信心，使孩子变得更加悲观失落。所以，在教育孩子的时候，父母要学会运用鼓励的方法让孩子学会面对失败，帮助孩子摆脱消极情绪的影响。

孩子需要鼓励，如同植物需要阳光。

——斯托夫人

阅读时间：30分钟　　受益指数：★★★★★

鼓励是最好的“糖果”

父母应该懂得利用孩子的优点来激励与鼓舞孩子，使孩子在自身的优势上尽情发挥，让其看到自身的价值与能力，进而对自己充满信心。

故事的天空

有一次，小东去卫生间的时候，发现儿子波波的牙刷又直接扔在了台子上，于是小东就严肃地对他说：“波波，你怎么回事，又把牙刷扔到外面？我之前不是提醒过你，牙刷用完之后一定要放回到杯子里的吗？”

此时，波波正在专心致志地玩玩具，听到妈妈的话之后，显得有些不耐烦，便随口应付道：“我知道了。”

小东见儿子如此不认真，就想要再强调一下，加深他的印象。

“波波，到妈妈这边来。”

“干什么呀？”波波不耐烦地放下手中的玩具，走了过来。

“把牙刷放到杯子里。”

波波迅速放好牙刷，转身就走了。

“以后也要牢记。”

“好的，我知道了。”

第二天，波波把牙刷放到了杯子里，第三天，波波又把牙刷放到了台子上。

这一次小东又看到了，于是就指责他说：“波波，你怎么又把牙刷放到台子上呢？”

“我还以为你已经忘记了这件事情呢。”波波说。

“什么叫作我已经忘记了这件事情呢？”小东纳闷地问。

“因为昨天我已经把牙刷放到杯子里，但是你却什么都没有说！”小东心里才明白过来，原来儿子在等着自己的鼓励和赞扬。

宋姐爱心课堂

在现实生活中，很多家长在教育孩子的时候偏重于批评教育，总是以严肃的口吻与孩子进行交流，尤其是孩子达不到自己的要求时，这种情况就更加明显了。

一般而言，父母会忽视了孩子那些看上去微不足道的努力。就像故事中孩子最后的抱怨那样：“因为昨天我已经把牙刷放到杯子里，但是你却什么都没有说。”这说明，在孩子的内心深处，是需要父母给予肯定的，即使是一丁点的努力和改变。而这足以让父母认识到自己的错误，应该对此进行反思。

斯托夫人认为，想要长时间地关注孩子的每一次进步，并且及时给予鼓励，并非一件容易的事情。但是，还是要告诉那些年轻的父母，对于自己的孩子一定要懂得适当地鼓励和赞许，千万不要错过生活中任何一次促使孩子进步的机会。

每个人都需要鼓励。在孩子的成长过程中，父母的肯定和赞许就像一个助推器，推动孩子不断进步。当孩子得到鼓励的时候，他的内心会变得强大，充满自信。因为父母是他的依靠和榜样，有了父母的支持，孩子就会努力地做好每一件事情，以此获得父母更多的赞许。因此，做一个懂得鼓励孩子的父母，你的孩子就会变得非常优秀。

斯托夫人支招DIY

那么该如何鼓励孩子呢？

●给孩子更多积极的暗示

每个人都会接受这样那样的暗示心理，这些暗示有的是积极的，有的是消极的。妈妈是孩子最爱、最亲密、最信任、最依赖的人，同时也是施加心理暗示的人。如果是长期的消极和不良的心理暗示，就会让孩子的情绪受到影响。相反，如果妈妈对孩子寄予厚望，并且积极地肯定，通过期待的眼神、赞许的笑容、鼓励的话语一点点滋润孩子的心田，让孩子更加自尊、自爱、自信、自强，那么，你的期望有多大，孩子未来的成就就有多大！

●一个错误，只批评一次

当孩子犯错误的时候，父母会一而再、再而三地对一件事情做出同样的批评，让孩子从一开始的内疚不安到不耐烦乃至反感讨厌，被“逼急”了，就会出现“我就是要这样”的反抗心理。

由此可见，妈妈的批评不可以超越限度，应该对孩子“犯一次错，只批评一次”。如果非要再次批评，也不可以重复之前的话语，需要换个角度、换种说法。如此，孩子才不会觉得同样的错误总是被“揪着不放”，厌烦心理、逆反心理也会随之减少。

●端正自身的鼓励方式才可以达到预期的效果

父母经常对孩子说“如果这一次你可以考100分，我就会奖励你100元”“如果你可以考进前5名，我就可以奖励你一个新玩具”等。父母也许并没有想到，这是一种不正当的鼓励机制，让孩子的学习兴趣一点点地被消减了。

斯托夫人小语

对于孩子而言，父母对于孩子的表扬和关注是十分重要的，在孩子犯错误的时候，父母应该纠正和提醒他们，当他们纠正了错误，养成良好的习惯之后，父母也应该给予他们充分的肯定，增加他们做事情的信心，让他们把心思放在解决问题上。

理解——保护孩子的自信心

在我看来，在教育孩子的时候，父母应该保持一种宽容的心态，让孩子感到父母是信任自己的。

——斯托夫人

阅读时间：30分钟　　受益指数：★★★★

相信孩子

对于大人而言，若想建立起友谊和良好的合作关系都必须以相互信任作为前提，孩子更是如此。要想培养孩子，就必须给孩子充分的信任，这样才可以将孩子培养成为一个优秀的人。与此同时，父母也一定要相信孩子的能力、才华以及品质，如此一来，他们才能够在人生的旅途中顺利地走好每一步。

故事的天空

有一天，麦麦在收拾儿子房间的时候，发现了一只烟斗，于是她认为年仅6岁的儿子已经开始学吸烟，这还了得！

于是，她拿着烟斗，怒气冲冲地来到儿子面前，口气非常严厉地盘问儿子："这是什么？"

"这是一只烟斗啊。"儿子满脸不在乎地回答。

"你从什么地方弄来的？"

"捡来的。"

"什么时候？在什么地方捡的？"

"今天早上出门的时候，在咱们家门前的那条路上捡的。"

儿子虽然这么说，但麦麦根本就不相信儿子。她用非常不信任的口气继续问儿子："你不要给我耍什么花招，快告诉我这究竟是怎么回事，你是不是跟那些坏孩子玩，开始学抽烟了？你才多大呀？就开始学坏了？"

"没有，我才没有抽烟呢。"儿子解释道。

"果真如此吗？你以为你这么说我就会相信你的话吗？"麦麦说道。

儿子看到妈妈不相信自己说的，显得十分生气，大声喊道："你爱信不信，反正跟我没什么关系！"说完，他转身就跑进了自己的房间，将门"砰"的一声关上了。

麦麦看到儿子这样倔强，也特别恼火，她就是不明白，自己这么做完全是为儿子着想，儿子怎么就不能理解呢？

后来，麦麦开始反省自己的态度，认真回忆了事情的整个经过。最终，她意识到可能是因为自己先入为主的想法与审问的态度，才让儿子怀疑自己的谈话动机。于是，麦麦决定与儿子好好地谈一谈。第二天，儿子刚回到家，麦麦就对儿子说："儿子，我们可以谈一谈吗？"

"哼，有什么好谈的？"儿子十分淡漠地问道。

因为麦麦早就料到会发生这样的情况，于是她努力克制着自己，保持着冷静。

"昨天妈妈怀疑你学抽烟，向你发了火，你一定认为妈妈不关心你，只知道挑你的错，是吗？"

这句话正好说到了儿子的痛处。儿子顿时大哭起来，抽泣着说："是的，我觉得我在你眼中就是一个累赘，你根本不关心我，只有我的朋友才会真心实意地关心我。"

"当然了，在这件事情上，你这么说也没有错。昨天，我之所以会十分愤怒与不安，主要是因为我感觉你已经与那些坏孩子玩到一起，甚至还开始学抽烟了。在那种情况下，你自然感觉不到我对你的爱。"

这个时候，儿子的情绪终于

慢慢缓和下来了。

麦麦继续说："昨天，我实在不应该那么对你发脾气，为此我感到十分抱歉。"

"没关系，妈妈。但那只烟斗的确是我在路上捡到的，你一定要相信我。"

"嗯，妈妈相信你，你一直都是妈妈的好孩子。其实，妈妈只是担心你做出一些对自己不利的事情，而这种担心有的时候就会让妈妈做出偏激的事情。你能不能再给妈妈一次机会，原谅妈妈好吗？"

儿子笑着点点头。

从此，麦麦与儿子之间的关系好多了。

宋姐爱心课堂

麦麦发现儿子房间有一个烟斗，就主观地判断儿子已经开始学坏了，根本不听儿子的解释，只是一味地用愤怒与极端不信任的口气去斥责儿子。事情自然不能圆满解决。

之后，麦麦经过反省认识到了自己的错误，开始相信孩子，心平气和地与儿子进行交流，让儿子知道妈妈的询问不过是出于对他的关怀与爱，而不是要侵犯他的权利。最终，这件事顺利地被解决了，并且母子二人的关系也更亲密了。由此可见，要想教育好孩子，就一定要做到相互之间的信任。

爱之深，责之切。由于父母对孩子的期望非常高，有的时候对孩子的态度就会变得十分强硬与偏激，会让孩子感觉父母对自己很冷漠。特别是在父母发怒的时候，孩子会认为父母对自己充满敌意，不仅不相信自己，而且也不关心自己，没有一点儿温情，因而产生了对抗情绪。这样，父母和孩子之间的矛盾在无形中就被激化了。

父母是孩子最为亲近的人，应该相信自己的孩子。只有这样，孩子才可能向父母敞开自己的心扉。只有孩子感到被信任了，父母与孩子进行交流时才会更加顺利。只要父母与孩子之间有了充分的信任，即便孩子真的有什么不好的行为习惯，父母也能够非常容易地帮助孩子纠正过来。

斯托夫人支招DIY

相信孩子，与孩子做朋友，不仅可以让孩子感受到父母的爱，而且还能够激发孩子内心的动力，让孩子体会到成功与失败的困难。孩子在父母充满信任与友谊的目光及言语中，会变得听话起来，变得自信起来，从而能够以更加昂扬的姿态面对自己的人生。那么，父母到底应该怎么做呢？

●对待孩子的错误要宽容

当孩子不听话的时候，不要用偏激的言辞加以斥责，而应该晓之以理、动之以情、循循善诱，与孩子一起分析事情的来龙去脉，指出孩子做错的原因以及可能会造成的危害，然后，帮助孩子予以改正。没有人能一生都不犯错误的，尤其是人生观与道德观正在形成的孩子，更不可能做到。作为父母应该充分理解他们，信任他们，引导他们正确地对待错误。

●对孩子的宽严尺度要把握好

在日常生活中，对于孩子的一切事情，切不可全部热心包办或者冷漠蔑视。凡是孩子可以做的事情，只要是有益的，父母就应该支持他们去做。由于孩子缺乏实际经验与技术，所以有的时候，他们失败了，或者有什么失误，这都属于正常现象。当孩子遇到挫折与失败的时候，父母应该多多安慰与鼓励，帮助他们将失误的原因找出来，让他们的自信心得到充分保护。相反，则很容易引发孩子的对抗情绪。

所以，不要只是在嘴上相信孩子，而要表现在实际行动上，特别是对于那些不听话的孩子，父母更应该注意这个问题。倘若父母对孩子有足够的信任，那么，孩子就会充满自信，积极发挥其主观能动性，有效地进行自我调整，将原本的逆反、不听话，转变为上进的进取心。要知道：父母是孩子最信任的人，父母的信任是教育孩子的最佳方式。

斯托夫人小语

了解的基础是信任。作为父母，爱孩子，就应该相信孩子，用孩子可以接受的方式去爱。这样的父母才是真正理解孩子、帮助孩子、促使孩子成为一个优秀人才的好父母。

有些父母总是觉得自己很了解孩子，因此他们从来都不会在了解孩子这个问题上多花一分钟时间，只会用自己的意志，想当然地去评判孩子的行为。

——斯托夫人

阅读时间：25分钟　　受益指数：★★★★★

了解孩子，你做到了吗

父母通过对孩子的观察、体验及摸索，慢慢了解并且熟悉孩子的点点滴滴，在孩子长大之前，都不曾放松片刻。然而，当孩子长大一些之后，父母就真的了解孩子吗?

故事的天空

有一段时间，4岁的莹莹特别调皮，每天动不动就乱发脾气，还总是故意将房间中的各种东西扔得满地都是。有一天，莹莹又开始无理取闹了，莹莹的妈妈走过去问她：“莹莹，你为什么总是将房间弄得乱七八糟呢？”

听了妈妈的话，莹莹并没有立即停手，反而当着妈妈的面，将桌子上的一个玩具扔到了地上。

“你究竟要干什么？赶快将它捡起来。”莹莹的妈妈指着地上的玩具，对莹莹说道。

“我就是不捡。”莹莹说。

“你为什么就这么不听话呢？”

“我就是不听话。”莹莹说。

听到莹莹这么说，莹莹的妈妈非常生气，但却没有冲莹莹发脾气，而是转身走了。莹莹的妈妈刚走没几步，莹莹就开始肆无忌惮地乱扔。她高声地尖叫，胡乱地丢着东西，房间中不断地传来“砰砰”的声音，让人心烦意乱。

尽管莹莹的妈妈非常恼火，但是她还是努力地控制自己，告诉自己不要发脾气。没多久，莹莹房间扔东西的声音停止了，随之而来的是她伤心的哭泣声。

这个时候，莹莹的妈妈又来到莹莹房间，轻声地问道：“莹莹，你到底怎么了？有什么烦心的事情吗？”

莹莹没有回答，仍然不停地哭泣。看着她那伤心的样子，莹莹的妈妈很是心疼，急忙将她抱了起来。

莹莹的妈妈对莹莹说：“妈妈一直都认为你是一个好孩子，所以，即便你胡乱摔东西，我也没有责怪你。我想你一定遇到什么不顺心的事儿了，否则不会这样做的。那么，你能不能告诉妈妈是怎么回事儿呢？或许妈妈可以帮助你。”

听了妈妈的话之后，莹莹的心情似乎平静了一些，但依旧在哭泣。

“莹莹，不哭了好吗？你一直非常聪明，还有妈妈会帮你，没有什么事情是不能解决的。”

这个时候，莹莹一下扑到妈妈的怀中，开始放声痛哭，抽泣着说：“妈妈，我感觉自己好孤独啊！”

“妈妈不是每天都和你在一起吗？你怎么会有这样的感觉呢？”

“但是 ，你每天只知道在自己的房间里写字，也不搭理我，一点儿都不在乎我……”

这个时候，莹莹的妈妈才明白是怎么回事：原来是因为这段时间，自己的工作很忙，没有像平时那样去陪女儿，才让女儿产生了这样的感觉。直到此刻，莹莹的妈妈才意识到，自己的女儿内心是多么敏感，多么复杂。于是，她赶紧跟女儿解释。

“莹莹，你千万不要这么想。你是妈妈最在乎的、最疼爱的孩子。妈妈最近这段时间工作非常忙，所以才忽略你。等妈妈忙完这段时间，一定会好好地陪你。我早就知道你是一个非常懂事的孩子，所以，你一定要理解妈妈！妈妈必须工作，你明白这一点，是吧？”

莹莹的妈妈在与女儿耐心地解释了半天之后，终于让女儿知道自己仍然是爱着她的，所以莹莹再也没有故意捣乱了。

从此之后，不管莹莹的妈妈的工作有多忙，总是会抽时间去莹莹的房间看一眼。这个时候，莹莹会很懂事地对她说："妈妈，你忙你的吧。你放心好了，我自己玩得非常好。"

宋姐爱心课堂

要想真正了解孩子并不容易，每个孩子都有自己独特的性格：有的活泼开朗，有的性格内向；有的无所畏惧，有的胆小谨慎；有的天生好动，怎么玩都不觉得累，而有的则像一只小花猫，性情十分温顺，总是喜欢安安静静的……

由此可见，父母若想真正地了解自己的孩子，不但要在各个方面给予孩子应该有的关心与照顾，还应该注意从细节上着手观察自己的孩子、了解孩子，努力走进孩子的内心世界，然后用不同的方法引导孩子，这样才有利于培养孩子，让孩子健康地成长。就像是故事中的莹莹，她的不满和淘气，来自妈妈的忙碌，她觉得自己被忽视了，才会去做一些过激的事引起家人的注意。

在不同的家庭环境中，孩子所接受的教育也是各有不同。尽管每个父母都会竭尽全力去培养自己的孩子，让他们从小讲文明、懂礼貌、爱学习、明事理，但是如果采取的教育方法不一样，其结果也会有所不同。倘若孩子一直得不到父母对他的肯定，那么，他的自信心就会慢慢萎缩；如若孩子一直被父母过分呵护，孩子的生活能力就会得不到发展。如果父母将孩子照顾得过于周到，小孩子就不能得到有效的锻炼，长大之后很可能会成为一个十分保守又非常怯懦的人。

对于不同性格的孩子，父母就应该选用不同的教育方式。对于父母而言，别人的意见也只能作为参考而已，最主要的还是充分了解自己的孩子，从而选择最适合自己孩子的教育方式。

比如，有的父母由于对孩子的了解有所偏颇，导致孩子没有办法领会自己的教导。这样就会产生很多不必要的矛盾。让父母最头疼的事情，就是在孩子犯了错误之后应该怎样管教他。采取恰当的教育方法，合理运用教育手段，及时地帮助孩子纠正错误等，这些因素确实很重要，然而，倘若父母对孩子没有充分了解，没有办法走进孩子的内心世界，那么，不管是什么样的教育方式都是无济于事的。

斯托夫人支招DIY

选择合适的教育方法，是教育孩子的前提；而充分了解孩子，则是选择合适的教育方法的前提。那么，作为父母，具体应该怎样去做呢？来看看斯托夫人的意见吧！

●了解孩子在想什么

了解孩子的想法并不是一件容易的事情，首先父母必须取得孩子的信任。在平常的时候，父母应该用朋友的身份与他真诚地沟通与交流，耐心倾听他的心事，主动参与他的意见。作为父母，不要觉得孩子就应该听你的，总是用命令的口气与孩子说话，而应该多用商量的口吻与孩子进行沟通。否则，孩子很容易产生逆反心理，从而伤害到父母与孩子之间的感情。如果孩子信任父母，有什么事情就会主动与父母交流，父母自然也就了解孩子在想什么了。

●学会换位思考

其实，孩子的心理与大人是一样的，他们的心甚至比大人还要敏感一些，也更为脆弱一些。他们也会伤心、会难过、会高兴、会开心，也有自己的认知与想法，也有自己的骄傲与委屈……所以，请父母用一颗真诚的心多与孩子进行沟通与交流吧，多去关心他的心事，多去认识他的真实想法。

平时，家长要多站在孩子的角度去思考问题，这一点非常重要！或许立场不一样了，得出的结论也是不同的。或许孩子的想法不一定是正确的，但是请父母不要一味地否定与斥责，请多用欣赏的眼光去对待他，为他的每一次努力喝彩，为他的每一点进步高兴。如此一来，时间长了，孩子就会无比信任与感激你的！如果父母与孩子在感情上形成了相互的信任与依靠，父母还愁不能了解孩子的心声吗？

斯托夫人小语

不少父母都觉得自己的孩子还小，什么都不懂，了解他们非常容易。其实不然，孩子的内心世界是非常微妙而复杂的，有的时候，他们甚至想到许多大人都不曾考虑过的问题，也正是因为父母忽略了这一点，所以才使得孩子感觉苦闷，觉得父母不够关心自己。所以，父母要想真正地了解自己的孩子，就应该走进孩子的内心世界，与孩子进行心灵的沟通与交流。只有这样，孩子才能够明白父母的良苦用心，才能够真正地被父母教育好。

开发孩子这块宝藏

非常感谢斯托夫人，她教会了我们作为父母应该如何教育孩子，让他们可以茁壮成长。相信很多父母突然被自己那娇嫩的小宝宝给依赖上之后，都会对如何教育这个小小人儿存在各种困惑和苦恼。

很多父母都没有教育孩子的经验，只能在摸索中前进。在这种摸索中，父母都存在或多或少的问题。据调查，有70%的家庭对子女的教育存在着教育不当的问题。为了少碰壁，家长们不得不向成功育儿人士讨教经验。出于让父母们更好地学习育儿经验的考虑，《深度解读斯托夫人自然教育经典》一书终于和大家见面了。

每个孩子都是等待开发的宝藏，宝藏如何开发，取决于父母所使用的教育方法。方法的选择至关重要，一旦方法错误，可能会影响孩子的一生。

在这本书里，我们看到了斯托夫人教育孩子的成功经验，更看到了这位女士对教育孩子的重视。家长是孩子的第一任老师，而且是孩子最早的启蒙老师，这个启蒙老师的"教育水平"在很大程度上影响着孩子以后的发展。为了让中国的父母更加深入地了解斯托夫人的教子经验，我们在书中对其进行了深度的解读，并与父母一起探讨了关于孩子教育的一些细节问题，分享了作为好父母在孩子共同成长中所经历的开心与快乐。我们在最大程度上把斯托夫人的教育思想与中国的国情相结合，让这本书可以帮助中国孩子快乐、健康地成长。

父母有成功的育儿经验，在教育孩子方面有自己的一套技巧，是我们一直以来的期盼。希望父母能够将《深度解读斯托夫人自然教育经典》一书中的经验学透，并巧妙地将它运用到自己的育儿过程中，让孩子拥有一个美好的未来。